[美] 琳达·内森（Linda Nathan）著

最难的问题不在考试中

先别教答案，带学生自己找到想问的事

THE HARDEST QUESTIONS AREN'T ON THE TEST

LESSONS FROM AN INNOVATIVE URBAN SCHOOL

中国青年出版社
CHINA YOUTH PRESS

图书在版编目（CIP）数据

最难的问题不在考试中：先别教答案，带学生自己找到想问的事 /
（美）琳达·内森著；杨洋译.—北京：中国青年出版社，2022.7

书名原文：The Hardest Questions Aren't on the Test: Lessons from an Innovative Urban School

ISBN 978-7-5153-6593-0

Ⅰ.①最… Ⅱ.①琳… ②杨… Ⅲ.①教学法 Ⅳ.①G424.1

中国版本图书馆CIP数据核字（2022）第038044号

最难的问题不在考试中：
先别教答案，带学生自己找到想问的事

作　　者：（美）琳达·内森

译　　者：杨　洋

责任编辑：肖妩嫔

文字编辑：郑敏芳

美术编辑：佟雪莹

出　　版：中国青年出版社

发　　行：北京中青文文化传媒有限公司

电　　话：010-65511272 / 65516873

公司网址：www.cyb.com.cn

购书网址：zqwts.tmall.com

印　　刷：大厂回族自治县益利印刷有限公司

版　　次：2022年7月第1版

印　　次：2022年7月第1次印刷

开　　本：787×1092　　1/16

字　　数：138千字

印　　张：12.5

京权图字：01-2020-7543

书　　号：ISBN 978-7-5153-6593-0

定　　价：48.00元

献给

我的朋友，也是我的导师

维托·佩龙

以及我的三个孩子

塞缪尔、本杰明、阿比盖尔

下一代教师

CONTENTS
目　录

前 言

这是新英格兰在3月很典型的一天，天上飘着鹅毛大雪，而街上却没有积雪。大风呼呼刮过，让人感到格外冷。我一直在屋子里看电视，希望波士顿的学校暂时停课。周边城镇的学校都已经因为这场大雪停课了，而我们学校却没有。我确定有些教师将无法赶来上班，但孩子们会来上学。由于要不停地找教师来代课，这会是混乱的一天。不过，这也许是件好事。按照彩排时间表来看，戏剧课的进度已经落后了，如果一些学术课取消了，那么戏剧课的教师就可以让孩子早点进行彩排。我看了一下日程表：学校参观日！今天是学校参观日，按照安排，附近社区一所综合高中会有一大队人来校参观。我想不起来他们感兴趣的问题了，但是如果他们的学校停课，我想他们就不会来了。思索过后，我跑出去铲掉了车上的冰雪，慢慢地驶向学校，心中仍然希望在收音机中听到停课的消息。

当赶到学校，我看到学校物业领班巴迪正拿着吹雪机清扫人行道。他朝我摇摇头，好像在说："竟然还没有通知停课啊？"我对此也同样感到气愤，遗憾地朝他笑了笑。就在这时，为来参观的客人送咖啡和百吉饼的人开着车来了。教育艺术中心主任科里·埃文斯正在大礼堂设置VCR，摆放椅子，以防客人突然来访。学生们成群结队地来上学了，他们互相打招呼并拥抱对方，甚至还有人在走廊上互相追逐，他们的声音在走廊里回荡。他们表现得好像彼此已经分开了几个星期，而不是仅一个晚上没见。有的学生去自助餐厅吃早餐，有的学生去自己的储物柜那儿准备第一堂课要用的东西，湿答答的雪从他们的大衣和靴子上滑下来，到处都是水。巴迪的助理迈克耐心地擦干大厅的地面，以免地板太滑学生会摔伤。"现在要小心点，慢点走。"他提醒着那些兴高采烈、正在互道早安的学生。

我在等待今天的来访者时，回想起上个月来参观的一队人，他们的学校是一所城市学校，几十年来学生成绩都很差，被教育部评为"表现不佳"。他们被告知，在4个星期之内他们要做出决定：设计一所新学校，并可能转换为某种试点状态，否则将被州政府接管。他们希望"向波士顿艺术学院取取经"，在拜访我们并看到"曙光"之后，情况奇迹般地出现逆转。当时我认为这是不可能的，一次拜访怎么可能成为多年来学生成绩不佳的解药？没有教师或校长喜欢别人告诉他们："这是你们应该做的……"

波士顿艺术学院的使命是成为"艺术和学术创新的实验室和灯塔"，因此，我们定期邀请教师和教育界领袖来了解我们的课程、项目和结构。我们是一所拥有24年历史的试点学校，在波士顿公立学校学区内运行，只招收住在波士顿市的学生。我们可以自由地创建自己的课程（与大多数公立或特许学校不同），也可以通过面试来挑选自己的学生。我们不会查看考生的学术成绩（我们称其为学术盲申），但我们筛选学生时，会更看重他们是否对自己选择的艺术形式（音乐、舞蹈、戏剧或视觉艺术）有热情并认真求学。每年大约有400名学生参加面试，大约会有140人被录取。

我们的学校很小，位于波士顿芬威地区一栋条件尚可的大楼中，但绝非什么豪华建筑，我们与另一所试点学校芬威高中共享该教学大楼。我们学校学生的多样性反映了我们所在的波士顿公立学校学区学生的多样性（我们的学生中有48%的非裔美国人，30%的拉丁裔，17%的白人，3%的亚裔和不到3%的美国原住民及其他）。在学生的经济条件方面，波士顿艺术学院大约有60%的学生享受免费午餐或减价午餐，而本地区这类学生的比例是71%。我们的确吸引了更多的中产阶级学生来我们学校学习。我们的学生中有13%的人被认定为有特殊教育需求，而当地的这一比例为20%。我们也很幸运，拥有多元化的师资队伍。在我们的45名教师中，有50%的教师会说英语以外的其他语言，有95%的教师拥有本科以上学位。最让我们感到自豪的是，学校的升学率为95%，这与波士顿公立学校的平均水平（不到50%的升学率）形成鲜明对比。由于我们学校既与"典型的"公立高中不同，又有很成功的方法，这对地方教育决策来说很重要，因此，我们每年都要接待大量来访者，包括对实施变革感兴趣的学校教师和领导团队。

为了不让自己和波士顿艺术学院的教职工显得好像无所不知，我同样愿意说出我们感到很棘手的问题。有时我称之为"分享我们的伤与痛"。我认为，无论我们多么认真、自觉地进行准备，那些来访的人都不大可能从我们的准备中学到很多东西。令我惊讶的是，当我们的学生讲述自己是如何在课堂上努力并取得了成功时，上个月参观我们学校的来访者对此印象深刻，我们的学生讲述的事情对他们来说应该不算什么稀奇的事，他们自己的学生也会这样做。一名学生谈到了自己无家可归，波士顿艺术学院的学生支持团队帮助她找到了住房和兼职工作，这样她就可以继续上学，同时在经济上更加独立。除了一门科目，她所有课程都通过了。来访者对她的故事感到悲伤和认可，他们每个人都认识处境相似或更差的学生。

波士顿艺术学院一些母语是西班牙语的学生谈到了一个西班牙语课上的作业项目：自己写一个故事，然后去当地的双语学校向低年级的学生大声朗读这个故事。教这门课的老师解释说："对于许多以前在学校表现不佳的学生，用母语完成的作业项目使他们能够看到自己的学业是如何与自己的生活以及社区联系起来的。通过这种方式，学生感到自己对那些2年级学生来说如此重要，我的学生们喜欢这种感觉！有些学生甚至被要求提供签名，就像他们是已发表作品的作家一样。我的每个学生都按时完成了作业，并且做得很好。"来访者眼前一亮，似乎在说："是的，这也是我们可以进行的一项活动。"

但是当波士顿艺术学院的教师和学生谈论学校的整体举措时——例如带领全校学生参观大学、每周一次的教师专业发展研讨会、艺术课与学术课的融合、学校的整体评估系统以及我们的咨询项目等——来访者都表现得很安静，几乎是无动于衷的。我想，我们的这些举措对他们来说可能过多。个人的课堂努力可行，但整个学校一起采取举措好像很难行得通。

这就是上个月的一些访问情况，我想我不能再回忆之前的情景了，必须得为今天的参观做好准备了，虽然还不知道今天是不是真的会有人来参观。

我已经预感这将是混乱的一天，因为我已经知道有4名教师因为暴雪而无法正常到校。我在第一节课上课前与两位科学教师拉米罗和马克商量，询问他们是否有人可以为遇到交通堵塞的亚历克斯代课。我解释说，代课教师刚才打来电话，说他也无法到校。正在这时，戏剧课教师塞思带着一大群刚从51路公共汽车上下车的学生进来。我跟他打招呼："很高兴见到你！你们学科中其他老师都不在，我已经让所有要上这门课的9年级和10年级的学生在咖啡馆里等着了。我还在想我是否要教40个学生上戏剧课！"

"这不是问题。第一节课我可以让他们一起上课，等其他戏剧课老师到校之后，再把学生分开。我现在就带他们上楼！"

高年级学生要上人文课，教师却不在。正当我考虑着把他们安排到哪里的时候，我看到了许多陌生的面孔：我们的来访者。好家伙！这些教师之所以显得如此突出，不仅是因为我不认识他们，而且还因为他们都是白人。他们中的许多人看起来有些尴尬，甚至有些恐惧。当中产阶级白人突然被一群吵闹的非裔学生包围时，都会有这样的表现，我没有为此而感到紧张。

我一边自我介绍，一边将这些教师从喧闹而拥挤的大厅带入礼堂，他们在那里脱下满是皑皑白雪的外套，或快或慢地去喝咖啡和吃百吉饼。我发现，世界各地的教师在受到尊重和热情款待时，都会感到非常高兴并且有点惊讶。我花了几秒钟的时间跟来访者说："大家自己安顿一下，我马上回来。我得解决后面几节课的代课问题。很高兴你们能来，但我没想到你们会过来，因为听到新闻说你们学校停课了。"希望我没有表达得语无伦次。

回到大厅，我看到了要去上人文课的肖恩。"肖恩，你能把迪亚兹女士班上的学生带上楼，然后开始自习吗？你知道你们今天要做什么吗？"

"我们正在做小组作业，阅读同伴写的文章。并不是所有人的小组同伴都在这儿，但是我相信我们可以解决这个问题。"就这样，他向同学们招手示意，学生们集体离开了。我想多亏了这个有责任心的学生。我们一直以来在学校鼓励并奖励这种行为，现在看来这种努力是有所回报的。

"我们这篇论文可以推迟演示吗？"杰西卡问我，"如果有的小组成员不在这里，而我们明天必须进行演示，这就有点不公平了。"

"等迪亚兹女士来了，她会跟你们讨论这个问题。"

"我只是觉得您或许可以告诉我们这会不会影响我们的分数，您知道有些老师会怎么做，他们可能会说，不管怎样，这个截止日期就在这儿。但我认为这是不公平的。"

"我现在不担心这个，杰西卡。"我想让自己听起来耐心一些，我知道杰西卡在作业能否通过这件事上如履薄冰，我怀疑她是在利用暴风雪来给自己争取更多的时间完成作业。"你现在应该去赶上你的同学们。"她缓缓地走了，仍在喃喃自语，抱怨着天气。哎，我想，就在我和肖恩交谈后有些自鸣得意时，杰西卡将我拉回现实，我们的学生也会像其他地方的高中生一样生气和抱怨。

我回去找那些在礼堂等候的来访者，他们中有一个人个子很高，眼睛炯炯有神。他自我介绍说，他是这次来访团队的带队老师。

"我们花了6个月的时间才获得许可来参观，这点雪还阻止不了我们。我们现在人数超过了12个人，希望这没关系。"虽然我心里千头万绪，但是他的热情让我感激和自豪。这些教师努力来到这里，并为参观我们学校而感到兴奋不已。我感到自己放松了下来。

"当然可以，我们很高兴大家能克服困难来参观。"大家都喝完咖啡后，我和科里就带领着大家开始正式参观学校了。我们的一些学生代表也加入了我们的参观行列，还有很多学生也希望能参与进来。一位学生说："我们的教师不在，没有人来代课。我们希望能过来帮帮忙！"我和科里商量，我们其实可以将来访者和参与活动的学生进行一对一或者一对二的分组配对，这样也可以为来访者更生动地介绍学校。

来访者来自于波士顿郊外的城郊社区，他们所在的学校在课程设置、大学录取率和马萨诸塞州综合评估系统（MCAS, Massachusetts Comprehensive Assessment System）通过率方面均被认为是全州最好的学校。为了让孩子上这所学校，许多家庭搬到了这个社区。但是教师们仍然表达了极大的不满。带队老师加里解释说："我们希望组建小型学习共同体，要了解2000名学生实在太难了，如果我们的学校更小一点，那么学生会学得更好，他们会更关心学校，更关心彼此。现在让人感到残酷的是，对于大多数学生而言，获得好成绩才是最重要的。为此，他们不在乎身边的任何人，包括我们在内。我来这所学校已有27年了，可以明显地感受到！"

其他人也表示有同感。一位教师说："我们开了很多次家长会，也多次与学生开会，尽管如此，对学校结构进行调整还是遇到了巨大阻力——每个人都担心这会破坏我们的音乐课或我们开设的大学预修课程[1]。我们已经到了这样一种境地：如果我们能提供一个清晰的计划，那么家长们就愿意听一听。"

教师雪莉是位娇小的女士，梳着一头时髦的金发，她突然说："关于小型学习共同体的想法引起了很多争议。家长和其他人不仅仅是担心我们会失去一些什么，而且他们无法理解到底要有多'小'。他们只是不相信这会对学生有所帮助。老实说，我们当中有些人也不相信。我上的就是一所大型的高中，我觉得也不错。"

对我而言，这位教师触及了学校变革困难重重的本质。大多数教师之所以成为教师，是因为他们以前在学校表现出色。他们认同并适应学校结构：一切都"不错"。教师如何才能真正理解不同于自己学生时代的方法？我在听教师们描述自己曾经的校园生活时发现，他们往往没有考虑到他们自己是成功的学生，而那些成绩不好的学生呢？

许多综合性高中都有荣誉课程[2]、大学预修课程、职业课程等。通常，只有上过荣誉课程的学生修读大学预修课程。进入大学学习的学生很快就会发现，确实是上过荣誉课程的学生会获得更多关于如何考入好大学的建议。教师们年少时都是很成功的学生，他们通常都修读了荣誉课程，他们在描述自己的中学生活时鲜有批评。他们承

---

① 大学预修课程，又称AP课程（AP, Advanced Placement），由美国大学理事会赞助和授权，相当于美国大学课程水平，比一般的高中课程更深入、复杂和详细，美国高中生选修AP课程对于未来美国大学申请是一个加分项。

② 荣誉课程，美国高中教育特有的区别于标准课程的一种课程形式。荣誉课程的授课内容是为成绩优异的学生设置的，难度介于常规课程和AP课程之间。

认,大学预修课程或荣誉课程中很少有非裔和拉丁裔的学生,但他们很快补充说,音乐课和体育课都是混班上课的。他们常常会说自己的高中真的很棒,而且学生非常多样化。另一位来访者——一个头发稀疏,扎着马尾辫的中年男子,打断了我的沉思。我刚刚正在想诸如"不错"这样有力量的言语实际上是如何与个人的背景和经历紧密相关的。

"不过,我们认为长课时教学计划可以解决这个问题,"他一边说,一边用手比划来进行强调,"如果我们可以延长每节课的时长,那么情况就会好转。该计划的这一部分已经获得批准,但我们还需要做更多的工作来说服人们相信小型学习共同体。"

我想知道这位教师为什么会这么肯定长课时教学计划就是那个解决问题的答案。这些教师是否可以同样肯定地强迫自己来质疑小型学习共同体?可见我们在学校中提出棘手的问题有多么困难,我再一次为此感到震惊。

我问:"那么你们今天要问什么?"

很多教师说,他们想更多地了解在更长的课时内(而不是通常的50分钟上课时间)进行排课的成功经验和挑战。他们还说,他们听说我们是一所面向所有学生的中学,他们想知道的是我们如何将有特殊教育需要的学生纳入常规班的。一位教师说:"我们不能放弃大学预修课程,但对于那些在学业上比较吃力的学生,我们肯定需要做得更好,而且这些学生通常是我们的特殊教育学生。"

另一位教师说:"实际上,我的主要问题是如何将小型学习共同体引入我们的学校。"

我相信在这一天当中，我们的来访者将有机会来找到问题的答案。但是，除了找到答案之外，我希望他们会注意到，波士顿艺术学院的决策过程中同样也存在固有的冲突和需要面临许多选择。最重要的是，我希望他们能够意识到问题是我们决策过程中必不可少的一部分。我认为，不管是过去、现在还是将来，提出并解决那些复杂问题的能力和勇气指引着我们的前进之路。正是这些问题使我们专注于学生的需求。

我们正式出发了，带领着来访者去逛逛我们的校园，我们的学生代表们雀跃起来，他们似乎准备好要炫耀一下他们的学校了。

当我们顺着楼梯往三楼走时，拉琼在楼梯平台处拦住了我们。他做了个自我介绍，并与队伍中的所有人握手，像一位完美的绅士。拉琼的穿着无可挑剔，虽然他没有穿过分华丽的衣服，但衣服很整洁，裤子熨得笔挺，系着领带。有一次我问他为什么要系领带，他说："对我来说，系领带意味着我要认真对待事情，认真对待学校。我认为有时一个人穿得如何，就会做得如何。"他说话清晰明了，声音也很好听，使人想要赞同他所提出的任何观点。他对我们的来访者很热情，给他们留下了深刻的印象并让他们感到有些惊讶。"我在学校学习声乐。我还领导着我们新组建的男生合唱团，希望让年轻人更有责任感，并让他们围绕自己关注的问题或现象进行创作和演唱，尤其是作为非裔或拉丁裔。我们中有太多人辍学或入狱，我们必须改变这一点。我现在是一名11年级的学生，明年毕业，希望你们能参加我们的春季音乐会。这个音乐会会很棒的。"说完，他下楼去上课了。

我转向一位教师说："他的进步真是太神奇了，他现在的穿着打扮让我感到吃惊。他刚来时不听管教，跟其他学生打架。他被两所高中开除过。但是他有着天使一样的嗓音，我们认为我们可以引导他作出改变。他有严重的学习障碍，由于没有通过马萨诸塞州综合评估系统（MCAS）测试而无法获得高中文凭（仅能得到肄业证书），他已经考了5次了。他去年在州议会上作证，我随身带着他的证词。"我展开了一张皱巴巴的纸并将其抚平，以便我旁边的教师可以阅读。

我内心十分清楚，我有更重要的事情需要关注，例如在人文课中了解世界，学习音乐技巧，而不是为了一直考试。

MCAS打乱了我们的计划并使许多人无法毕业，这是不公平的。

有些学生觉得自己很失败甚至可能会辍学。

我不会，我将于明年6月获得肄业证书。

MCAS仅仅测试学生是否具备高中毕业所必备的部分技能。

即使从小在很混乱的环境中长大，我们照样在学校可以做到以下几点：

被尊重；

做一个更好的人；

跟不同类型的人打交道；

自尊自爱。

MCAS只会使我和其他人丧失信心。

我不希望我的弟弟和妹妹也经历这些。

我希望一些优秀的学生不再因为MCAS而毕不了业。

MCAS并没有涉及这些学生掌握的其他技能。

我希望马萨诸塞州的所有立法者考虑取消MCAS。

这个考试所做的只是伤害了无数的学生。谢谢。

这位教师看过后，问我她是否可以将其递给其他同事看看。教师们一边读他的证词，一边点头。最后一位教师看过后把它还给我，我小心翼翼地收起来了。她说："真是可惜了，他是个很可爱的年轻人。很幸运，我们学校不存在这种问题。我们所有的学生都通过了MCAS测试，通常是一次通过。我们必须确保我们教授考试的内容，因为我们的学生家长接受不了孩子不及格。"

我告诉访问团的教师们，尽管拉琼的情况很极端，但我们有很多学生需要多次参加MCAS测试。"除了测试以外，我认为还有很多其他方法可以评估学生的成绩。我想提供一次机会来讨论MCAS测试，这样一来，我们才能真正理解，这对学生来说意味着什么。我理解我们需要一些标准测试来了解学生的学习情况，但我们也不能忽视这些考试给学生带来的不便，这种不便让我感到非常难过。为什么拉琼不可以通过一系列作品集来展示他的学习成果？如果MCAS测试只是作为学生表现的参照，而不是决定学生是否能毕业的重大考试，那我会觉得还好。老实说，不给拉琼文凭，只给他一纸肄业证书，我不知道这会对他有什么帮助。"当我一边快步前行一边描述我在教育行业的挫败感时，我气喘吁吁，说话速度更快了。当我意识到自己说多了，便赶紧停了下来。哦，是的，我不是来这里说服来访者的，对吧？在短暂的休息时，来访者同情地点了点头。

"这对你们来说确实是个难题。相比之下，我们的学生从小就拥有更多资源。其实，一个人在八九岁之前读了多少书，这真的挺重要的，不是吗？"一位教师说道。

我回答说："对，我们的很多学生家里没有书，去图书馆或有固定的时间和地点做作业都是不可能的。这不是他们成绩差的借口，对于我们的很多学生来说，这就是现实。"

这位教师再次点点头。

我想要的不仅仅是同情的点头。我希望每个人都记住，学生的学识和成就不能仅靠一种千篇一律的方法来衡量。拉琼可以创作——他写了这个证词——他显然可以独立思考。他还是一位了不起的艺术家。然而，目前判断学生在校是否成功的标准并没有将学生的才华纳入考虑范围。当然，学生需要了解学科知识，但是相比他们如何为了应付考试而去了解世界文明，我对他们如何表述问题以及提出解决方案更感兴趣，这就是我与推崇考试的人之间的基本矛盾，推崇考试的人认为这种方式能简单快速地通过分数判断学生的学习情况。他们经常说："我们需要知道学生们掌握了哪些知识点，这就是学校的作用所在。"我同意这是学校工作的一部分，但是高效的评分模式并不能使教育体系变得更好，不是吗？如果我们构建一个评估体系，以多种方式展示学生的知识和能力会怎样？如果拉琼有机会与他的教师一起设计出自己的作品集，我想大家就会看到他确实知道些"东西"。有时，我想我可以花一辈子的时间来试图说服政策制定者，不是只有通过答题卡才能判断学生的学习情况——即使我可能不会成功。

我努力停止了关于考试的内心独白，将来访者带入戏剧课教室，学生们正在排练奥古斯特·威尔逊创作的话剧《藩篱》中的场景。突然，一名学生夺门而出，愤怒地将门甩在身后。教师雅伯勒悄悄走出去跟在她身后，并示意其他学生继续自己手头的事情。门仍然敞开着，我们听到了她们的谈话。"怎么了，帕梅拉?"教师平静地问。

"我只是讨厌这里的一切都跟种族扯上关系。我讨厌这出戏，当你让我们做这种练习时，我们所谈论的就只是白人有多的糟糕。奴隶制不是我的错，我是白人也不是我的错。"

雅伯勒女士平静地回答："这和你是白人无关。你在表演一个场景，你在学习成为一名演员，就要像扮演的角色一样思考。罗丝关心什么? 她喜欢什么? 什么让她生气?"

"我知道，我知道，我知道你会这么说，但是为什么我们总是要演这样的戏? 我真是受够了。"

"我们在这里排练过很多话剧，只是这个学期我们要学习这部话剧。现在，我需要你回到教室，准备好给全班表演这场戏。不管我们喜不喜欢，这出戏确实带给我们许多反思。种族问题总是摆在我们面前，我们无法忽视它。"

"我知道你会这么说，"帕梅拉打断了她，"我想说的是，我不想总是谈论种族。"说完，她像离开时一样愤怒地回到了教室。

我将来访者带出教室，来到了帕梅拉和雅伯勒女士刚刚谈话的走廊。我关上了教室的门，学生们还在继续排练；当雅伯勒女士离开教室后，没有学生停下手头的任务。大多数来访者脸上都露出震惊和不赞成的神色。其中的一位教师说："我们学校几乎都是白人，我认为我们的校园不存在这些问题。"此刻，我什么都没说，但是我确定她的校园中一定存在"那些问题"。种族问题无处不在，无论我们是否看得到。我心里很生气，但控制自己没有长篇大论地谈论种族问题对学生成绩的影响。

"好吧，"另一位教师开始说道，"即使这些问题在我们的校园里存在，但我看到走廊上如此激烈的师生对话之后感到很不舒服。同时我也在想，这些问题真的适合在学校里进行讨论吗？"

再一次，我控制自己没有进行激烈的反驳。我平静地回答："对我来说，学校必须面对并反思一些由种族、阶层、性别、语言等因素引起的社会问题，所有这些都是我们日常工作的一部分。"我心里想，难道我们没有责任提供平台和空间，让学生和教师真正地跨越差异进行互动？我抬头看着来访者的脸——有些人看上去一脸茫然，我不确定他们能理解多少。

参加这次校园参观行程的学生代表之一阿曼达询问她是否可以补充一些看法。"首先，谈论差异并不容易。我们只是想当个小孩子，忽略所有的这些问题。我来自郊区的学校，就像你们学校一样，但这里在很多方面对我来说都是一种真正的文化冲击。我一直以来成绩都很好，并且为所有大学预修课程做好了准备，但是当我来到这里时，我了解到没有大学预修课程，只有双学分课程，这意味着我们可以在学校附近的大学上课。我还了解到，这里没有单独的荣誉课程，只有我们所谓的'公开荣誉'项目，这意味着我们需要在课堂上做额外的任务。我必须激励自己去做额外的任务，对此我感到不满。有时候，我觉得我会因为一些同学减慢我的学习进度，至少我认为他们在学术课程中拖了我的后腿。"

一位教师立即说："我们不能那么做。我们的学生家长会被吓坏，学生们也一样。他们还怎么考进哈佛？我现在好像就听到反对意见了。"

另一位教师却不同意："我们从未思考过这些，这可能是一个有趣的讨论话题。"

我打断了讨论，说道："我想告诉大家，这所学校已有多年的历史，并且安排了11套不同的日程表。我们一直在努力寻找方法，为像阿曼达这样的需要帮助的学生提供更多支持。自从我们开始办学以来，平衡学生的学术成绩与艺术技能一直是我们的核心问题。对此，我们还没有正确答案。"

"这听起来太混乱了，"一位教师说，他认为应该用传统的教学方法，"这给教师带来了太多负担，谁可以在同一间教室满足所有这些需求？"

"但是，"我问，"你们让自己正在做的事情和所遇到的困难透明化会怎么样？那么，社区家长和其他人会不会更宽容？"

我讲话时，这位教师有点畏缩了。他告诉我："这对我们来说是一个很敏感的词——'透明'。我不确定我们的社区是否会容忍真正知道事情背后的原因。我一直觉得我们的社区——学生家长和其他从学校毕业的人——希望学校就是他们所了解的样子。"来访者点头表示同意。

我思考着这些话语中所蕴含的道理，这就是学校改革工作如此困难的原因。每个人对学校都很了解，因为大多数人都上过学。如果说过去这些年来我在改革学校的工作中学到了一件事，那就是必须在投入改革之前就了解社区的背景。我甚至不会想到"透明"是一个敏感的词汇。这个小细节让我能想象出来访教师们所处的社区是怎样的。我认为每个人都面临着不同的问题，特权和财富并不总是会使教育变得更容易一些。

当我想到自己在学校的工作时，我意识到我和我的同事们正在做一项很精细的工作，可能会犯下很多错误。我还知道，我与同事紧密合作，能够阐明构成我们社区需求的基本问题，才有可能取得成功。

我不断想起维托·佩龙（我的朋友和导师，也是我最喜欢的书《致教师的信》的作者）在20世纪80年代初期对我说的话。他听到了我和一些教师就家庭作业在进行争论，我们正在反复讨论学生总是不做作业这件事该怎么办。我们讨论了用各种严厉的方法来惩罚他们，包括给他们低分，这样能激励他们去做家庭作业。维托平静地问道："为什么要布置家庭作业？"我们为之一惊，暂时停止了讨论。答案显而易见：因为我们一直都布置。但这个理由显然不够充分，这个简单的问题引导我们走上了这样一条道路，在这里我们允许自己提出那些看似简单但实际上非常复杂的关于"为什么"的问题。

我努力将相同的思路带入波士顿艺术学院。这并不是真的为了找到答案或解决方案，尽管我们都希望实践效果更好，但我们最终还是为了找到更具关键意义的问题。多年来，在所有相关人员的艰苦努力下，我们能更好地分享成功和失败的经历，更好地描述我们的学习过程。来访团队参观之后，我们进行了交谈，我谈到了这个想法。

一位教师回应说："到最后，对我们来说，考进竞争激烈的四年制大学的学生人数还是最重要的，其他一切都只是陪衬，我不知道您是怎么颠覆这个惯例的。"

"我不确定我是否知道确切的答案，但是我知道关于成绩，谈论的不应该仅仅是标准化考试的分数。在这个国家，学校都在谈论'缩小成绩差距'或'平等与获得机会'，但是这些词语的真正含义是什么？我们如何将其应用到日常学校生活中？"我突然停了下来，"哦，天啊，我说了太多自己的想法。但实际上，我想说的是，我们学校发生的一切都始于我们提出的关于统一准则的问题，这就是它如此令人兴奋的原因。"

当来访教师们收拾东西说再见时，我观察了他们的表情和肢体语言。他们中的许多人都面无表情，这是接收信息过多的表现。还有人则陷入了沉思，沉默无言。我想，他们开始思考自己的所见所闻。早期有来访者来我们学校参观的时候，如果他们没有流露出敬畏和钦佩的神情、没有受到启发的话，我会感到失望。我希望他们为我们加油打气，以此来肯定我们的做法。但是现在，我很高兴看到这种不同的反应。我猜想教师们在离开我们学校时是在思考着他们自己学校的教育模式，也许他们已经准备好要进行讨论，希望他们能提出更多问题。

我在本书中讲述的故事是关于我和我的同事如何应对一系列问题的例子。我相信，作为学校领导和教师，我们提出的问题可以推动整个行动过程，推动我们改善学校的日程安排、课程设置、纪律和评分政策、师生之间和教师之间的关系。

每天我都能遇到这样一位教师或学校负责人，他们有勇气并且愿意提出可能违背规范或标准的问题。他们愿意和同事们在学校、更大的社区和其他专业组织范围内一起探讨学校的问题。我认为所有教育工作者都应该问自己：你们学校主张什么？为了贯彻这一主张，如何使课程具有相关性？教师、领导和学生在帮助塑造学校形象方面扮演什么角色？我们要避免问什么问题？我们所面临的困难背后反映了什么问题？

为了解决诸如此类的疑惑，不同的学校可能会采用不同的方法，这些方法与我在波士顿艺术学院采取的方法不同——实际上，他们必须这样做。每所学校都是独一无二的，因此每个解决方案也是如此。也许有的学校旨在通过科学技术而非艺术来吸引学生，或者有的学校就是更加注重个人努力而不是集体互动。不管怎样，教师和学校管理人员只要花时间去了解自己的学校，坚持自己学校的特色，并且正在为学校确定新的行动方案，我相信他们也会确保学生取得更好的成绩。

作为教育工作者，我们现在必须找到方法，为城区高中（实际上是所有高中）创造新的可能性。我认为我们的学校还没有竭尽全力。做出改变不是由校长和其他学校领导决定的，而是取决于我们能否继续提出并尝试处理最棘手的问题。我讲述自己克服这些棘手问题的经历，不是为了提供指导或解决办法，而是为了让大家看到这些棘手问题是什么样子的。我想让你们知道，一个已经在直面棘手问题的这条路上走了很长时间的人仍然觉得这条路充满乐趣而又意义非凡。

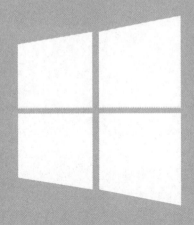

Part One

第一部分

什么是一所好学校

1

比"教什么"更重要的事

从无休止的提议转向统一的理念

我任教的第一年，是在一所以"聚焦阅读"为指导思想的学校。海报贴在走廊和每个教室里，既有商店购买的，也有学生画的，海报的主题是鼓励每个人阅读——阅读是基础！阅读趣味无穷！一些海报上画的是名人拿着自己最喜爱的童年书籍，还有一些海报则描绘了全神贯注于阅读的卡通人物，例如喜欢阅读的加菲猫。

在开学第一天的大会上，我们的校长站在台上，要求所有教师——包括数学、科学和音乐教师——把阅读作为教学重点，重视阅读的力量。他说："你们每个人都要在课上抽出时间确保学生的阅读时间。我们的分数没有理由是该地区最低的。我们要改变这种现状，确保今年春天所有学生都通过全市阅读测试。让我们一起冲到榜单的前几名。"课程协调员紧随其后解释说，她将与我们每个人单独谈话，以了解我们是如何在自己的学科领域开展阅读活动的，以及她怎样可以帮助我们做得更好。这次大会有点动员大会的感觉，我感到很激动，但是我注意到许多资深教师在翻卷子，看报纸，漫不经心地打哈欠。"今年是什么？"他们的肢体语言似乎在说，"不用激动。我们会等待这项新计划结束，就像其他计划一样。"

我很快就发现，他们的这种表现并非没有原因。春天来了，学生参加了考试，成绩出来了，教师们再次集合，这次，集会大厅上有咖啡和甜甜圈等着我们，校长和他的行政团队非常喜悦。我沉浸在新计划中，很兴奋地来听结果。

"我们冲到了榜单的前三名！"校长笑着宣布，挥舞着他的数据表，"我们不再是这个地区的失败者。我非常自豪，你们所有人都可以持之以恒地专注于阅读。显然，我们的学生也从你们的努力中受益了。"

我们的学生取得了很好的考试成绩。我很高兴我们的辛勤工作得到了回报，但是我也感到不安、心情沮丧。当目标实现以后，这些测试高分实际上衡量了什么？尽管我确信自己的学生已经成长为阅读者，但我不确定的是这些分数是否能从根本上证明他们能更好地进行思考和学习。我对学生的发展充满信心，但他们和我所在的学校却通过在一次标准化阅读测试中的表现来被衡量和排名。我担心地跟同事说，如果我们的学生参加其他类型的阅读测试，那种测试要求他们进行分析、预测或批判性思考，和我们的标准化阅读测试全然不同，他们是否也会做得好。

"等着吧，"一位同事闷闷不乐地告诉我，"这也会过去的。"

他是对的。当我们在秋季学期开会时，校长宣布今年的重点将放在数学上，"当然，不要放弃你们在阅读方面的出色工作，但我们学区已经购买了全新的教科书，并正在所有年级实施新的数学课程。"听完校长的提议，我感到很高兴，毕竟我是一名数学教师，但是突然转变的提议让我至今都觉得滑稽。我们的阅读计划才刚刚起步，我想花更多的时间来夯实阅读，最终掌握这项技能。这时我和同事眼神交汇，他只张嘴没出声地说了句："我告诉过你。"

不要误会我的意思——新的提议没有错。新提议可以为教师带来所需的动力、目标、培训和技巧。通常，这些新提议都是基于合理的教育理念。但是，尽管每年在不同课程领域"喊口号"可能会在短期内提供教师关注的重点并提高学生的分数，但这并不一定会创建一个每个人（教师、学生、家长）都能充分自主发掘学生智力潜能的组织。是的，校长成功地达到了地区的要求：提高阅读成绩并提高数学成绩。

虽然校长提出了至关重要的目标，但这些目标的作用太有限，所以提出的解决方案的作用有限。最终，这些口号披着目标的外衣，却没有考虑到广泛的教学和学习方法，而这些方法才是长期来说会提高学生学习成绩的关键。这些提议只是短期的"解决方案"，可以满足当前的要求，即使成功了，也很难像统一的理念那样能为学校提供强大的力量。提高考试成绩并没有错，但是如果我们不提出一系列学校应该长久坚持做什么的问题，那么学生的考试成绩就会随着当前考试提出的标准起伏不定。这些暂时的提议不会对学校的教学和学生的学习产生持久的影响。我们最好找到一种方法，让我们的阅读和数学计划成为更复杂的教与学讨论的基础，成为我们建立一个充满活力的学校组织的基础，成为我们明白教师应该做什么和不该做什么的基础。但是这些都没有实现。

摆脱无休止的提议

拉里·迈亚特于1983年成立芬威高中，这所学校成立的初衷是满足那些与传统教学环境格格不入的学生的需求。我在学校成立的第二年有机会加入芬威高中，刚开始担任副主任，后来担任主任。我知道，没有一个总的理念——一种明确界定的学习方法，或者是我所说的统一准则——我们不会比我工作过的第一所学校的教师做得更好。也许我们的学生会在现在"新改进"的地区考试中取得更高的分数，或者我们会花大量时间来确保我们以相同的方式为学生的考试做了充足的准备。同时，我们的教师会采用一致的教学模式。实际上，如果我们的学生在考试中表现不佳，而我们学校每个教室都是采取千篇一律的教学方法，那么我们就很容易将其归咎于学生没有集中注意力，因为我们都在集中精神地完全按照管理人员的要求去做。尽管如此，正如我之前所见的那样，我们最终将精疲力竭、士气低落。我知道，要想在教育界取得成功，我们就需要统一准则的指引。

在芬威高中，一个统一准则意味着我们要界定一些术语的定义，用这些术语来指导所有学生的学习和教师（以及家长）的教育工作。教师也会使用类似的术语或标准来评估学生的学习情况。教师将从单纯地提供信息转变为担任学生学习上的"教练"，在师生相处的过程中，强调个性化——无论是在课程与学生的经验相结合方面，还是在教师如何接纳学生方面——是一个重要的特征。

就最重要的事情提问

如何确定这个重要的统一准则？我的经验告诉我，唯一的方法是先明确一系列问题。学校在每天都会出现许多问题，这些问题会涉及纪律、午餐、教学方法、座位安排、课程安排、课外活动、测试、教师答疑、学生资助等。这些都很重要，但是我们往往要面对太多的问题，还要做出太多的决定，以至于很容易就忽视其中最重要的问题。我们必须从事物现状这一个关注重点转向事物发展的多种可能情况，从关注现象到关注起因，从关注教师的工作到关注学生的学习和经历。

我在芬威高中担任副主任的第一年，会定期与我的教育导师维托会面，维托总是很认真地倾听我说的话，并引导我温和而坚定地提出一些棘手的问题来讨论学校如何发展。我与维托的对话总是以一种可想而知的形式进行。我会以一通牢骚开启我们的对话：我做得还不够，我的工作做得不够好；学生们似乎对学习不感兴趣，也没有好好学习，这让教师们感到沮丧。当我喋喋不休地描述自己的挫败感和过失之后，我们两个人会讨论我有哪些证据证明我的学生对学习不上心。有一次，导师的话让我感到十分吃惊。他眼中闪烁着光芒，对我说："琳达，作为教师，你提出的问题变得越来越好了！"他指出，从年初开始，我们讨论的大部分都是关于"纪律执行"的管理问题：如何让学生们在午餐室表现得体并摘下耳机，如何让学生自觉地完成家庭作业，如何鼓励家长来参加学校的活动……

我们秋季学期的时候重点完全放在了责备上：责备家长，责备孩子，责备自己是失败的规则执行者。你们可以想象，在教职工会议上，大家都有强烈的挫败感和随之而来的怨恨，因为我们都对家庭作业的完成情况深感困扰，我们提出这样的问题："我们是否应该让没有或无法完成家庭作业的学生不及格？"

但是现在，短短几个月后，教师们在一起提出了各种问题：为什么学生要在午餐室表现得体？为什么要布置家庭作业？为什么家长参加学校活动对我们很重要？这些活动对家长也有吸引力吗？让学生摘下耳机，我们试图达到什么目的？这些问题将我们引向了一个完全不同的方向，比如最后一个问题，我们意识到，在某种程度上，我们试图精心组织孩子们跨越种族和阶层界限进行社交，但是耳机却帮助营造出一个大家都不用互动的场景。

教师和校长提出的问题决定了我们的探讨方向和对话深度。通常这些问题会涉及学生或家长在做什么和没有做什么，特别是关于他们"做错了什么"。我称之为"第一层次的问题"。即使一名教师处于一种很疲惫的状态，他也可以玩几个小时的"挑毛病游戏"。正如校长和学校其他管理者所知道的那样，很多教师似乎不可避免地陷入这种谈话，而我们最艰巨的工作通常是引导对话的主题从"第一层次的问题"转向"第二层次的问题"。

第二层次的问题涉及我们（学校的教师）在做什么或没有做什么以及为什么。最终，这种质疑会引导我们追问自己能做什么或不能做什么。"第二层次的问题"探讨得更深入，这些问题与教师的价值观和想法紧密相连，正是这些价值观与想法引导我们大多数人进入了这个行业。我们大多数人当教师并不是因为我们喜欢唠叨各种规则的执行情况。我们之所以成为教育工作者，是因为我们爱孩子，喜欢各种点子，想传递这股爱。我们很多人投入教育行业，是因为我们认为教育是改变现状的关键力量，尤其是在维持社会公平和保证学生获取机会方面。

从"第一层次的问题"到"第二层次的问题"的转变使我们有机会重新审视我们提出的问题，换一个角度看待问题，并开始清楚地说出什么是重要的问题以及它们为什么重要。以我们关注的家庭作业方面的问题为例，当芬威高中的教师将关注点转到"第二层次的问题"时，我们会问自己：家庭作业有意义吗？是的，这一点一开始就是确定的，因为我们希望孩子们在校外做练习。但是，质疑仍在继续：如果一些学生没有足够的时间和空间在校外做作业怎么办？如果我们的很多学生必须打第二份工或者必须照看自己的弟弟妹妹该怎么办？因为学生没有做家庭作业，我们就让他们不及格，这样做是否公平？我们必须踏上漫长而艰辛的讨论之路来逐个解决问题，并询问自己：我们的最终目标是什么？通过提出这一系列更广泛的问题，我们发现我们一直以来关注的是关于"作业"的纪律。那么，我们的质疑进入下一个阶段：在哪里做家庭作业或练习真的重要吗？我们为什么不为学生创建可以在学校练习的拓展项目呢？考虑到我们许多学生的情况，我们是否有义务这样做？这一系列的质疑让我们恢复精力去面对我们面前真正的问题，并坚定了我们最初进入教育行业的初衷，这是我们提出统一准则的初始阶段。我们先是头脑风暴，然后就我们的教学方法、学习方法和对待学生的方式达成了一致的约定和理解。

我喜欢问新的校长："您和贵校教师每天都关注什么问题？退一步讲：您希望贵校毕业生知道什么以及能够做什么？而且，也许最重要的是，您认为贵校学生以前由于种族、阶层、性别或语言等问题而错过了什么？"通常，我希望校长能真正思考下面两个问题：首先，他们何时发现自己是在枉费心思、白费力气；其次，他们什么时候知道如何扭转这种局面，转而问道："作为一个学校整体，我们共同关心的是什么？"这些问题为我们提供了一个指导全校师生的统一准则，让每个人都能朝着这个方向努力。如果我们作为领导者不花时间去自问并且彼此之间讨论这样的问题，那么我们很可能最后会像芬威高中开始的时候那样费尽心思却总是失败，精疲力竭却总是在白忙活。

统一准则的力量

我第一次体验到统一准则的力量是在芬威高中。学校的建校理念是将学生的参与放在第一位。在芬威高中，我们将统一准则称为"心智习惯"（"Habits of Mind"）。我们希望学生和教职员工在所有课堂上练习某些思维方式。"心智习惯"一词不是我们发明的，最初是由哲学家约翰·杜威在19世纪首先使用的，后来于20世纪80年代中期在教育界广为流传，例如当时纽约东中央公园中学（Central Park East Secondary School）的校长黛博拉·迈耶就对其极为推崇。

我们希望重点关注的思维方式体现在缩写词PERCS上：视角（perspective）、证据（evidence）、相关性（relevance）、联系（connection）和假设（supposition）。在芬威高中，我们会特别询问一系列问题：我对此有何看法？我有什么证据？它们之间有什么相关性？我还能建立什么其他联系？假设……会怎样？PERCS原则在芬威高中运作良好，学生必须将这种"心智习惯"应用于学校项目、毕业设计展，甚至是家庭作业上。

我在参观纽约东中央公园中学时，第一次看到人们使用PERCS原则。我旁听了14个不同学科领域（包括数学、科学、人文和艺术等）的学生作品集展示汇报，教师和学生（及家长）依据这一准则来讨论学习任务并提出问题，我对这种能力感到震惊。当我们将其作为芬威高中需要践行的思维方式时，我们也坚持要求学生在学科作品集展示中体现PERCS原则。我们将学生演讲或展示的项目数量从14个减少到5个（数学、科学、世界语言、人文和毕业设计）。

在毕业设计展上，学生都信心满满地谈论他们对一个特定主题的看法，以及他们如何形成这种看法。学生必须为自己的陈述提供证据或证明，在讨论中，教师和同学会就相关性和联系进行提问。毕业设计包括为期6周的实习项目，这也是讨论相关性和联系的好机会。在法律援助办公室实习的学生可能会开始对法律事务有热情。这种联系与他自己的生活和经历是有直接关系的，特别是因为他的很多朋友已经涉及了法律事务。分析假设的情况通常是最难形成的思维习惯。教师会问类似这样的问题，"假设作者以不同的方式结尾，会怎样""假设历史的走向改变了，会怎样"。尽管这些思维习惯给师生带来了不适，但芬威高中一直使用该准则来指导教师与学生。

当我有机会创办波士顿艺术学院时，我以为我们可以直接采用PERCS原则。但我错了，波士顿艺术学院的教职员工拒绝使用PERCS原则——并不是因为他们不相信统一准则的力量和重要性，而是因为PERCS原则中的术语对于一所艺术学校而言过于局限：我们需要一个既能体现智慧又能体现创造力的统一准则。这场关于术语的辩论可能听起来很深奥或者很专业，但对于教师的发展和我们对统一准则的坚持都至关重要。此外，教师们坚持认为我们的思维习惯必须来源于艺术术语和艺术家的实践。

我有点失望但没有被吓倒，我借鉴了哈佛大学教育研究生院的"零点计划"，给学院的教师们带来了一个新的术语表：协作、纪律、热情、冒险、背景、反思和基础。"零点计划"提出将艺术植入课堂，强调实施文化艺术素质教育，因此我确信这些术语应该会符合我们教师的标准。但我又失败了，教师们拒绝"零点计划"的术语并不是因为这些术语说错了或者不好，而是因为这不是"我们的"。我们需要经历一个漫长的构建统一准则的过程，然后才能想出我们都可以接受的一组术语。我们不希望它们只是一些空洞的口号，最后显示在教室布告栏上却没人重视。我们希望有一个统一准则能够为整个学校提供有意义和鲜活的指导。我们知道，我们所选择的术语将有助于塑造我们想打造的那种知识和艺术型组织。两年后，经过教师们长时间的辩论和讨论，我们确定了RICO原则：完善（refine）、创造（invent）、联系（connect）和自主（own）。

那么这些术语到底是什么意思？而且，更重要的是，它们如何在实践中发挥作用？我们在每个术语后面都附加了问题，以帮助我们的教师更好地教学、学生知道如何学习。在邀请学生参加讨论并集思广益，为每个术语总结了十几个问题后，我们精挑细选，为每个术语选定了两个关键问题。

完善　我传达了我想传达的信息吗？我的优点和不足是什么？

创造　是什么使这项任务富有创造性？我会冒险尝试并鞭策自己吗？

联系　受众是谁，这个任务跟什么有联系？产生这种联系的背景是什么？

自主　我为自己所做的任务感到骄傲吗？我需要做什么才能成功？

术语的顺序并不是很严格，但是教师们喜欢RICO这个缩写，我们的学生也喜欢。当我们开始践行我们的新习惯时，我们注意到一场全校范围内有关学习的讨论正在展开。这些习惯悄悄地进入了教室。教师本着不断完善的精神，给学生根据需要多次重写论文以及重新参加测试的机会，以便"做对"；通常，高级数学课程的作业要求学生创造一个独特的问题，这个问题要运用课堂作业中提到的概念；为了建立联系，学生将他们的论点与其他来源的证据关联起来；当教师例行要求学生描述自己引以为豪的事情以及需要改进的地方时，学生便练习掌控自己的学习进度。当然，学生分析要想更成功所需要做的事情，这是很难的，尤其是在"更加努力"还不够的情况下！但是当他们提醒自己要有自主意识时，学生通常会表达出对自己所做任务的见解，这是任何教师都无法提供的。

如何将统一准则付诸实践？

现在我们已经提出了RICO原则，那么必须开始实际应用，这是一项更艰苦的工作。首先，每位教师都布置了相应学科的RICO作业集任务，这一作业集是可以体现一个或者多个思维习惯（完善、创造、联系或自主）的作业组合。作业可能是描述问题解决过程的书面思考，或者是一篇有多个草稿的研究论文，又或者是学生为了提高成绩而进行修改的测试。通常，作业集包括学生做了一段时间的项目，或者学生觉得能够说明自己学到了很多东西的项目。慢慢地，学生们积累了大量证明其运用了RICO原则的文件。这听起来不错，但是到了4年后，我们会被这些文件所淹没，而且我不确定学生是否重视RICO作业集，我经常发现我把RICO作业集还给学生之后，它们被扔进了垃圾箱。

教师们对RICO原则是支持的，但是我们对执行这一原则的烦琐流程感到沮丧。我们不知道如何处理不同学科领域的所有RICO作业集。教数学或科学的教师最终可能会把4年来的学生作业集放在某个地方的盒子或文件夹中，积满灰尘。我们希望RICO原则能够给我们的学校带来一些有意义的改变，而不仅仅是口号，更不会成为教师和学生的负担。经过讨论，我们决定放弃基于每门学科的作业集任务，转而布置学年中和学年末的RICO作业集任务。学生们可以从各科作业中选择他们认为最能代表自己践行了RICO原则的作业。基于每位学生的学年中和学年末作业集，学生和其指导教师、另一位教师（作为观察员），通常还有一位家长会一起得出关于学生的RICO评价。

在学校发展的后期，我们还引入了另一种被称为"10年级基准测试"的评估程序。我们希望学生在高中生涯中经历一次紧张、激烈的艺术学习回顾，这有两个原因。首先，教师希望学生努力在波士顿艺术学院成为艺术家和学者。其次，如果学生没有达到学校要求的标准，学生及其教师和家长还有机会规划学生在夏季需要参加哪些额外的艺术课，或者一起弄清楚学校可以提供的其他支持。

教师们还决定将毕业设计展作为最能代表学生水平的毕业体验。从11年级开始，所有学生都要制定一项提案，以此展示他们4年来的学术和艺术训练成果，并要响应社区需求。该项目将他们的知识和热情引向一个实际的目标，并展现作为独立艺术家的经验。他们最终的展示必须体现出艺术上的严谨、可行性和互惠互利，也要体现出一定的写作技巧和演讲技巧。在毕业设计展上，社区、大学、各种组织和艺术家的代表会对提案项目进行评估，为得分排名前20％的人提供资金支持。提案项目包括以年轻女孩的饮食失调为主题的原创舞蹈、为公众设计的壁画、呼吁关注流浪青少年的独白创作等。

接下来将说明RICO原则、10年级基准测试和毕业设计展作为一个统一准则在波士顿艺术学院是如何运行的，以及它们是如何成为这所学校的代名词的。

现实中，学生和教师如何实践统一准则？

○ 克里斯蒂娜的RICO评估

布鲁诺·罗德里格斯和他的学生，11年级的克里斯蒂娜·阮，坐在一起进行学年末的RICO评估。这是场正式的评估活动，克里斯蒂娜听从了教师的指导，穿上了西服、熨得笔挺的衬衫和皮鞋。她的长发在几个月前染成了红色，现在又染回了原有的深黑色。克里斯蒂娜翻着面前的文件夹，抬头望着罗德里格斯先生和另一位负责在评估过程中做笔记的教师安妮·克拉克。

这些笔记将成为克里斯蒂娜评估档案的一部分，并将用作她在12年级检查学习进度的基础。我也是一个观察者。我每年尝试出席不同指导教师的评估现场。由于RICO评估是我们的"期末考试"，因此我想直接了解不同的教师（以及学生和家长）在每年的大考中有怎样的经历，我想更好地了解我们需要改进的地方。

克里斯蒂娜的母亲到来时，罗德里格斯先生将她带到座位上并表示热烈欢迎，"很高兴您能到这里来。"

罗德里格斯先生说明了面向所有9~11年级的学生进行RICO评估的意义。对克里斯蒂娜来说，这是一次正式的机会，她可以总结自己在整个学年中的表现以及具体地陈述她未来的目标。在场的所有人，包括克里斯蒂娜的母亲，都可以发表评论并提出问题。

罗德里格斯先生补充了两个要点："克里斯蒂娜肯定会通过这次评估，学生只会因为不出席或没有做准备而无法通过。我想提醒大家，现在不是批评克里斯蒂娜或为她没有做的事而感到失望的时候，而是要思考她做了哪些事情。"

克里斯蒂娜的母亲点了点头，但看上去很紧张。她拽了拽手提包上的带子，眼睛盯着地板。尽管她就坐在女儿旁边，但她们似乎相距甚远。

罗德里格斯先生将注意力转移到克里斯蒂娜身上，评估开始了。"克里斯蒂娜，你通过什么来向我们展示'完善'这一思维习惯？"克里斯蒂娜立即打开她的紫色文件夹，并展开10页不同的乐谱记录，上面满是拍号、升音符号、降音符号和音符。

她指着第一张纸说："这是我第一次尝试作曲，真的很基础。旋律很简单，都是四四拍。当我更加顺手时，您可以看到我是如何完善这个作品的，甚至更改了大调和拍号。"克里斯蒂娜指向另一张纸，"在这个版本上，我对旋律做了更多尝试，增加了更多临时记号、升音符号和降音符号。然后，在最后一个版本中，我添加了其他乐器。我学的是钢琴，但我在这里加了一支长笛，因为我能听出这个也可以用管乐来演奏。"

罗德里格斯先生看了这些谱子，并将其交给克拉克女士。

"你的记录令人印象深刻，克里斯蒂娜。"克拉克女士微笑着说，"很显然，你的努力取得了回报，我记得两年前你甚至都不识谱。"

罗德里格斯先生对克里斯蒂娜说："等这项活动结束后，我们可以去隔壁听你演奏这个作品吗？"

"没问题，但只有钢琴的这一部分。"克里斯蒂娜害羞地微笑回答。

"我对这项任务有一个疑问，"罗德里格斯先生继续说道，"我很好奇，为什么你用这个作曲来展示'完善'这一思维习惯而不是'创造'思维？你显然践行了我们所描述的'创造'思维。我认为，'完善'更多地是关于你如何传达信息以及展示你对自己优缺点的理解。"

克里斯蒂娜说："对我来说，这就是在不断完善。我一直在创造音乐，但是'完善'对我来说要求更高。我可以熬到凌晨一两点来进行创作，但是'完善'要求我必须真正去钻研。"

评估继续进行，克里斯蒂娜拿出她的第二个文件夹并展示了她在数学科目上的创造项目，在该项目中，她通过比较3个出售CD的本地商店的商品价格和利润率，证明了她对二次方程式的掌握。

"这是课堂的作业吗？"罗德里格斯先生问。

"不，不是的，"克里斯蒂娜解释道，"我们正在课堂上学习二次方程式和利润率。我想到了有关商店的这种情况。"

为了展示联系，克里斯蒂娜谈论了她在写作研讨课上写的诗歌，并解释了她的诗歌与她在课堂上学习的俳句、十四行诗之间的联系。"我喜欢写俳句，"克里斯蒂娜自信地解释说，"我喜欢这种严谨的风格，这对我来说有点像创作音乐。"

对于第四个也是最后一个习惯——自主，克里斯蒂娜提到自己在西班牙语课上遇到的困难，她更多地谈论了自己没有完成的学习任务。她展示了她最后的成果，关于作家鲁文·达里奥的没有完成的西班牙语项目作业。"虽然我喜欢学习这位诗人，但我就是做不到用西班牙语完成相应的任务，我已经连续两年不及格了。我知道这是毕业要求，而我已经11年级了，但我就是不喜欢这门课。"克里斯蒂娜很诚实地说："我逃课的次数超过了上课的次数，这就是我不及格的原因。"

罗德里格斯先生点了点头。在克里斯蒂娜的学年中期RICO评估会议上，她、她的母亲和西班牙语教师签署了一份正式协议，明确规定了改进措施，包括承诺每天去上课。

克里斯蒂娜说："我知道协议是为了对我有帮助，但我就是不想整个学期都去上课。"

"我问你一个问题，克里斯蒂娜，"罗德里格斯先生停顿了一下，"你在钢琴和作曲课上做得好的地方是什么？这可能会帮助你提高西班牙语成绩。"

克里斯蒂娜想了一会儿才回答说，"我知道我一直愿意在音乐上做出努力，以使作品变得更好。"

罗德里格斯先生随后得出了一个结论，克里斯蒂娜必须上西班牙语暑期课程。这可能与她想参加伯克利音乐学院暑期课程的愿望产生冲突。

罗德里格斯先生最后问了克里斯蒂娜一个有关她12年级目标的问题。克里斯蒂娜认真地回答道："嗯，我知道了，我必须去上课，尤其是西班牙语课。我想明年6月毕业，我知道我很聪明，我只要去上课就可以通过所有课程。因此，我想我必须要说服自己做不喜欢的事。否则，我以后会付出代价。"

罗德里格斯先生说："这就对了。"然后他问克里斯蒂娜的母亲是否想发表想法。

克里斯蒂娜的母亲用不太流利的英语感谢他整个学年对女儿的照顾和对她的照应。她说："我相信她会好好学习西班牙语的。"然后她谈了自己对女儿学习音乐的看法，"我一直不理解她的行为：在家关着门，戴着耳机，一直在弹琴。我让她上床睡觉，不想让她那么累，但是她不听。我没意识到她在创作，我不知道她这么棒。我不懂音乐，但她在越南的祖父懂音乐。我对她在音乐上取得的成绩感到自豪。"她轻拍克里斯蒂娜的手臂，"这会为她赢得上大学的奖学金吗？这很好。"

"她很棒，"罗德里格斯先生表示同意，"而且她已经知道了自己明年的挑战。您应该为她感到骄傲，咱们去听听这首曲子吧！"

这首原创音乐听起来充满力量又有点奇特，听得出来融合了西方和亚洲的音乐元素。当克里斯蒂娜弹完，她看起来有点气喘吁吁，安静地坐着。

克拉克女士是第一个发言的人，"克里斯蒂娜，听你弹的让我想吹长笛了，这样一来我就可以和你一起演奏了！"

克里斯蒂娜微笑着说，"回到学校后，我给你一份乐谱，这样你就可以学这首曲子了，好吗？"

克里斯蒂娜的母亲转向女儿，"也许以后你待在房间里时我不会再对你大喊大叫了。现在，我明白你在干什么了。你的祖父也会感到很骄傲。"

克里斯蒂娜收好乐谱，评估正式结束了。

在对克里斯蒂娜的评估中，虽然我看到她基本上理解RICO原则，并且她在讨论如何完善自己的作曲时很有说服力，但令我感到困惑的是，她现在是11年级的学生并且熟悉RICO评估，却选择了一个相当简单的数学项目来展示她的创造思维。虽然她声称关于不同商店的商品价格和利润率的对比体现了她的创造思维，但我不认为这个项目反映了她对数学学科的掌握情况。我想知道在不同的学科领域中RICO原则的执行情况。

在展示自主原则这个方面，克里斯蒂娜意识到她可以将在音乐学习中所形成的习惯带到西班牙语课的学习中，我感到很高兴。在评估的过程中，她开始自主掌控她的学习进度：能否通过西班牙语课程是她可以掌控的事情，如果她想实现进入伯克利音乐学院的梦想，则必须通过这门课程。克里斯蒂娜的案例向我表明，学生与学校之间已经从相互责备的对立关系转变为追求成功的同盟关系。当然，事实并不总是这样，也不总是那么完美。虽然克里斯蒂娜确实展示出了她在艺术课学习过程中所取得的成绩，但在西班牙语学习方面，她仍然没有取得积极的成果。尽管她能很好地反省自己的不足，但她的熟练程度并没有达到教师期望的水平。

后来，当我有机会与罗德里格斯先生、克拉克女士一起对克里斯蒂娜的评估情况进行汇总时，我们都认为克里斯蒂娜只能算是成功了一半。我们希望学生能表现出对所有学科领域的精通，而不仅仅是抛出一个数学学科的拓展项目来证明自己践行了RICO原则。我们的目标包括让学生清晰地说出为了取得进步而采取的行动，但是我们目前还不太成功。事实上，克里斯蒂娜不得不放弃伯克利音乐学院暑期课程的名额，去参加西班牙语暑期课程。RICO原则能引导学生反思但却不能创造奇迹。

不过，我觉得我们花在RICO评估上的时间是值得的。它为我们提供了一种方式来探讨学生的学习情况并最终帮助我们成为更好的教师。同时，它为我们提供了一种方法来讨论并重新聚焦我们的核心理念（即统一准则）。是的，这需要开无数个评估会议，还可能产生许多分歧，但我相信我们的学生最终会学到更多。

○ 格里的"10年级基准测试"

格里坐在凳子上，面前是他的作品集，等待着面向他的评估开始。视觉艺术学科的负责人凯瑟琳·马什，另一位视觉艺术教师贝丝·巴里洛，一名11年级的学生马科斯，还有我，一起坐在一间小教室里。马什女士首先说道："那么，格里，这是你的10年级基准测试。我们将回顾你在学习过程中是否做到了'认真求学'，也就是你有没有以真诚、严谨的态度投入学习的过程中。"介绍完之后，马什女士挺直了高大的身躯，调整了一下眼镜，舒展了双臂，仿佛在迎接工作、我们所有人，尤其是格里。"让我们先看看你带来的两幅自画像。"

格里坐着一动不动，专心地听着。他看着自己的两幅自画像，一幅是在上9年级时画的，另一幅是在上10年级时画的，两幅画放在教室的画架上。格里描述着自己的作品，指出自己从9年级到10年级有了多大程度的进步，以及他对阴影、光线和纹理的运用。

马什女士鼓励他说得更加具体些。她拿起其中一幅自画像，"你是怎么处理皮肤的特点和颜色的？你是怎么表现出光照射到你脸上的？你是如何区分光线照到的地方和光线未照到的地方的？"

格里想了一下说："我努力把我的脸颊画得颜色更浅，因为脸颊皮肤光滑，并且有更多的光照在上面。我知道我的鼻孔和上嘴唇的颜色应该深一点，因为那里没有那么多的光照。我试着去做了。"

"鼻孔里面呢，那里是什么情况？"马什女士继续问。

格里没有回答，他只是更加仔细地看着画像，马什女士试图给他提示，"画像中的这个地方是应该暗一些还是亮一些？你能说说吗？"

格里似乎明白了她的意思。"没有足够的光能照到那里，所以应该很暗。不过，我确实没有表现出足够的暗度，我本可以做得更好，我对作品完善的次数还不够。而且，我真的不擅长肖像画，也不确定自己是否具有创造力。"他淡淡地说。

然后，大家开始评估格里带来的立体作品——他的蝙蝠侠雕塑。马什女士请他谈谈如果重做这个雕塑，在设计上他会做哪些不同的改变。

格里这时显得更放松了。"我真的已经付出了很大的努力，但如果重新做，我会对其进行更多的挖空处理，以免它会内陷。看到头有点塌了吗？如果我把它挖空，烧制时可能就不会这样了。这也是我们第一次使用高温釉。"

马什女士和巴里洛女士都赞同，她们可以看到他很努力，并且成功地向观众传达了他认为蝙蝠侠很酷这个信息。

学生代表马科斯插话说："这真的很酷。我希望我也可以这样使用黏土做雕塑。我认为，你多加练习之后，肖像画也会画得更好。蝙蝠侠的鼻子做得非常好，你可以学着在绘画时也做到这一点。"

"我不知道我能不能做到,"格里有些沮丧地说道,"使用黏土时,我的手自己就知道该怎么办,但是当我握着画笔时,我就更费力了,要考虑的太多了,我知道我比不上班上其他人。"

对实物艺术品的评估结束了,马什女士把话题引到目标设定上。

"那么明年你想在哪些方面进行改进呢?"马什女士问。

"我要按时完成作业,需要自我激励。我一直有拖延的毛病,尤其是当我认为那是浪费时间或遇到不喜欢做的任务时。"他说。

巴里洛女士反驳说:"但在学校里,你总会有不喜欢做的事。当你不喜欢某些东西时,你怎么产生动力?当你对某件事没有兴趣时该怎么办?你如何找到兴奋点?"

格里看着她们,静静地叹了口气,也许有点难过。"我不知道。很长时间以来,我一直有这方面的困扰。"

"好吧,"马什女士进一步问道,"你从视觉艺术学科中学到了什么可以运用到学术课上?"

格里不自在地动了动。

马科斯打破了紧张的气氛,大声地说:"对我来说,当我开始在列车上素描后,我的绘画技术取得了重大进步。你也有很长的通勤时间吧?我会在通勤时戴上耳机,有时候走神,有时候集中精力做家庭作业。很快,我注意到了自己的进步。然后,不知怎的,我在班里取得了更好的名次,我就更加自信了。"

"是的,这就是信心和练习的关系,它们总是捆绑在一起的,一个会伴随另一个出现,这一点我现在深有体会。我知道,如果我行动了,我会更有动力。"格里轻声说。

马什女士总结道："格里，这真是太好了。让我们看看你是否可以在下学期将这种认知转化为目标和行动。"她拿出了一份文件，让格里填文件中的表格，包括第一学期和第二学期的目标和行动方案。他们开始一起填表。

"是的，我赞同马科斯的观点。我可以在列车上练习。"

"我在行动方案这里写上了'在列车上练习素描'。"格里一边说着下学期的目标和行动方案，马什女士一边记录。

到评估结束时，格里已经在教师和同伴的督促和鼓励下，密切关注到自己的进步并设定了可实现的目标。他们让他举了一些具体例子来说明自己成功的地方以及感到不满意的作品。设定诸如"通过所有课程"这样的广泛目标很容易，但是设定诸如"在列车上练习素描45分钟"之类的具体目标则没那么容易。通过这一评估，格里开始自我反思，明确自己的目标。这将对他在高中的艺术课和学术课学习、他的大学生活甚至他的一生都产生深刻的影响。

格里和马科斯都离开教室后，马什女士和巴里洛女士商议并达成一致意见，格里目前掌握的技能不能达到升入11年级的标准，他需要重修10年级的视觉艺术课。她们将安排与他、他的家长进行会面来宣布这一消息。

如果格里是在其他高中读书，他可能上学敷衍了事，图个过关就行。对于高中时期松懈和困惑的状态，他可能会暗暗地感激，因为这使他得以保持默默无闻，不会被注意到。但是，格里是第一个说，尽管他的10年级基准测试有时使他感到羞愧，但这也促使他努力思考接下来的高中生活甚至以后自己想要达成什么目标。尽管当他得知自己需要重读一年的视觉艺术课时感到非常失望，但他也知道与同班同学相比，他的技能确实无法达到标准。他知道这意味着他将无法按时毕业，尽管他努力与视觉艺术学科的教师协商能否通过参加暑期艺术课来代替重修，但教师们却坚持已经做出的决定：他要重修一年的视觉艺术课。

关于格里的此次评估结果反映了教师、家长、学生和我所做的艰难选择，表明我们不只是重视学生对美术材料的理解与运用，还希望他们做到"足够好"。我相信格里重修并学习必要的技能是值得的。这并不代表格里在学业上的失败，但是我们也要承认，对于一些学生来说，他们要付出更长的时间与精力才能毕业，除了常规的高中课程，他们需要去上暑期课程、夜校上课或重读一年等。

○"一生所爱"：梅兰妮的毕业设计

在波士顿艺术学院，毕业设计代表了学生最重要的学习经历，学生会在完成毕业设计的过程中完善甚至实施一个项目方案。并非所有学生都会在高中期间实施他们的项目，许多人在上大学后才开始实施。RICO原则也是该项目的指导准则。学生在11年级就开始进行项目策划，然后可以在12年级的秋季学期进行展示之前不断完善自己的提案。教师们会根据每个项目的独创性、学生对所提观点的理解程度以及项目如何表现出学生的自主性来进行评估。

梅兰妮希望她的"一生所爱"项目得到资助。她描述了她的项目如何为她服务社区建立桥梁。"青少年需要一个地方可以做自己，并且弄清楚自己是谁——对自我身份的认同。"梅兰妮的身高只有一米五，她穿着优雅的红色高跟鞋，头发上系着缎带，这和她的着装很搭。她向评估人阐述了她设计的课外项目，目的是使青少年在资源贫乏的社区有机会学习声乐技巧和戏剧即兴创作课，最终可以排演一部小型音乐剧。她在白板上面展示着自己的教学计划、时间表和预算，充满激情地描述着自己的计划：

"中学4年，我在这里学到了很多关于戏剧表演技巧的知识，以及如何通过肢体和面部表情来传达这种技巧。我演过一些吉尔伯特与沙利文的歌剧场景，还学习了一些百老汇歌舞，现在正在研究意大利咏叹调。这些年来，我们还创作了一些流行音乐。我能教给这些青少年一些我掌握的技巧。这些学生要记录下来，包括详细记录个人经历的写作提示。"

"学生还将选择与这些经历相关的歌曲。每个人都会听像艾丽西亚·凯斯这样的歌手唱歌，会听一些说唱歌手在歌曲中讲述生活经历。但我了解到，大多数孩子从未听说过像古斯塔夫·马勒这样的音乐家，他们像歌手坎耶·韦斯特和比莉·哈尔黛一样记录痛苦和苦难。我们将在每节课中花一部分时间来学习不同的音乐。"

"学生将根据写作提示来写独白，然后他们通过即兴创作和歌曲来塑造角色。之后，我们将带学生练习如何通过独白和所选歌曲表达自己，并在当地社区中心或教堂进行表演。"

最后，梅兰妮解释了她做这个项目的出发点。"青少年需要机会成为推动社区建设的积极力量。我清楚地知道青少年多么容易被不良环境影响，该项目的目标是为青年人提供一个避难所，使其免受社会的负面影响，并教会他们如何安全地表达自己的意见。"

梅兰妮注意到了很多学校或政策制定者忽略了的事情——艺术是改变世界的强大力量，而且大多数年轻人可以将艺术与大众文化直接联系起来。梅兰妮的项目还帮助她提高了阅读、写作、口头演讲甚至数学方面的技能。她必须制定预算并弄清楚哪些资源可以用不需要购买的现成实物代替，因为她很早就意识到了永远没有足够的资金；她必须至少4次修改提案，直到达到要求；她必须大声朗读她的提案，并将大部分内容记住或记在便签上，以便站在评估人面前完美地展示出来，而这些人将决定她是否能获得资助。学校的RICO原则在她的提案的各个方面都有所体现。

从更大的意义上说，统一准则为我们带来了什么？

波士顿艺术学院的RICO原则、10年级基准测试以及毕业设计已成为师生和家长定义学业通过标准的实用工具。这些评估有机会让学生、教师及家长看到彼此的弱点，进行反思，这为学校超越"喊口号"的阶段，成为知识型和创造型组织提供了可能性。

关于克里斯蒂娜和格里的评估都表明，在波士顿艺术学院，我们没有说大话，我们是有实际行动的。就时间和金钱而言，这些一对一的学生评估投入更多。我们的行动计划涵盖了学生学年中期和学年末的RICO评估、10年级基准测试和毕业设计。另外，学生需要有机会向数百名成年人演示他们的毕业设计，这需要相关的教师合理安排时间开展评估活动，包括分配好时间让顾问来与家长联系，让教师讨论评估或毕业设计的进展以及接下来学生可以怎样改进。如果学生没有认真对待评估意见，那么让我们评论作品就没有意义。我们的努力是值得的，因为我们的学生真正"掌控"了他们的学习情况。我们所有人都清楚，这既不是随机行为，也不是与生俱来的天赋。相反，这是遵循统一准则的结果。统一准则决定了我们是谁，以及我们希望学生成为谁。

尽管波士顿艺术学院的教师仍在寻求更精简的方法来进行评估，但我们对评估的价值充满信心。开展RICO评估和10年级基准测试的想法来源于我们最初的思考：对我们学校来说，至关重要的是什么？因此我们无须摒弃它们去采用某次会议上提出的某一个热门想法，寄希望于那个想法会奏效。我们清楚想做什么以及为什么要做。我们要解决的问题只是"如何做"，而不必质疑我们当下的方向。

通过毕业设计，我们看到了成年人的世界重视了学生的力量，这个世界他们很快就会参与其中。和其他学生一样，梅兰妮体现了学校的统一准则所能提供的最好的帮助：她向我们展示了教育如何以一种吸引人的方式与年轻人的生活和经历联系在一起。

我是否在主张每所成功的学校都必须制定一套原则，例如RICO原则，或者有同样的10年级基准测试和毕业设计的评估程序？当然不是。我也访问过没有类似RICO原则或PERCS原则但擅长将学生的学习和评估情况透明化的学校。许多学校的领导者有独特的解决问题并改善学生学习体验的方式，他们可能已经发起了一些计划，例如完善学生咨询项目、规划学生的学习进度、评估学生的学习档案或打造小型学习共同体。有这样一所学校，我称之为中央中学，该学校要求所有即将毕业的学生参加8年级毕业展。在毕业展上学生会讨论他们

3年来的学习和成长情况，低年级的学生、任课教师、成人社区成员以及家长会作为评判委员会成员，评估学生是否有资格毕业。此外，每个学生都要做好回答问题的准备。问答的过程往往会体现学生的个人理解水平，这个毕业展就代表了他们的统一准则。

中央中学的每个学生都能说出毕业展的重要性。学生可以通过多次参加毕业展来获取毕业资格。少数情况下，学生不得不去上暑期课程以达成毕业要求。毕业展是中央中学的有机组成部分。所有学生、家长、教师和管理人员都要努力争取最终的通过。学生从6年级就开始接触毕业展，并且所有课程和分数都与毕业展密切相关。毕业展与普通的学校安排形成鲜明对比，在这些学校，学生对学校的体验就是一场竞相通过一系列毫无意义的课程的竞赛，或者更糟的是，通过一系列强调"我今天在学校做错了什么"或"我没有完成什么"的课程。在中央中学，教师们发现，为学校师生制定如何思考和学习的完美典范以及行为模式，可以为他们评估自己的实践成果提供统一的参考。

想一下你工作、学习或送孩子去学习的学校。无论我们在其中是何种角色，这些地方对我们来说都是至关重要的。这所学校的毕业生应该具有什么样的学习和思考习惯？这些习惯是否可以表示为一个统一的准则？学校所倡导的理念与实践之间有什么差距？如果你的学校有一个统一的准则，例如"对全体学生寄予厚望"，那么如何将其作为学校使命和日常课堂实践的一部分？作为教师、校长、家长或学生，你怎么知道这个准则在整个学校都得到了实践？如果你发现自己无法回答这些问题，或者正在寻找"正确"的答案，那么这可能表明该学校没有成功完成其使命，无论其SAT平均分数多么高、毕业生赢得了什么奖项、图书馆的规模多么大或有多少学生考上了名校。

我对以"所有学校都应……"开头的说法表示怀疑，但我真的想说：所有学校都应提出并践行统一准则。教师需要参与统一准则的制定，并且学校师生必须长期致力于统一准则的实施。最后，我想说，即使是没有统一准则的学校仍然会有一个不言而喻的准则——对这所学校的总体看法。如果用贴在墙上的海报表达出来，这些看法可能是"我们正在经历失败：我们应该责怪谁"或"让学生取得高分和被大学录取——其他一切都不重要"。要认真地回答并明确"你的学校主张什么"，就得反复追问教与学的实践如何得到改进，学生知道并可以做些什么以及教室中的日常表现是否与你所倡导的理念相匹配。

2

发展共同价值观

发展共同价值观如何改变学校的日常生活？

许多青少年将高中作为按照成年人指令活动的场所，而不是让他们自主行动、有归属感的地方。让孩子们在波士顿艺术学院"共同价值观"的基础上接受集体规范则完全改变了这种情况。我们在教职工会议和领导团队会议上进行了长时间的讨论，最终，我们阐明了学校的共同价值观：

适度的激情

有愿景但诚信至上

具有社会责任感的共同体

尊重多样性

RICO原则是一个用于处理教与学以及学生态度的准则，我们希望学生们把这种态度带到他们的所有学习任务中，但共同价值观却说明了我们注重的另一个方面——我们如何与彼此和世界互动。我们对"适度的激情"的最初理解是教导学生热情响应，同时用适当的行为平衡激情。例如，换句话说，我们希望学生理解，喊叫是嘻哈音乐会的自然组成部分，但对古典钢琴演奏会却具有破坏性。"有愿景但诚信至上"意味着创造自己的作品，但与此同时承认是"站在了别人的肩膀上"。我们希望学生足够谦虚，赞美为他们铺平道路的艺术家和流派。我们希望他们了解剽窃不只是复制他人的作品。"具有社会责任感的共同体"是指在我们的学校中大家互相照顾，并注意我们在学校的互动以及与世界其他地区的互动。"尊重多样性"是指尊重所有学生、教师和家庭，不受背景、文化、种族、阶层、性别、原籍语言的影响。

我们的共同价值观源于我们需要定义个人在波士顿艺术学院中意味着什么以及我们应该如何互动。我们称之为"共同价值观"，而不是"价值观"，因为我们希望这些价值观定义整个学校的立场。我很高兴的是，大多数波士顿艺术学院的学生都能表现出对至少一种共同价值观的理解。

由于共同价值观成了谈论学校重要问题，甚至是确立我们某些规则的方法，因此一些学生建议我们将季度荣誉榜大会更改为荣誉榜/共同价值观大会，他们希望在"做了体现共同价值观的事"之后得到学校的认可。所做的事不一定非要是惊天动地的大事，但必须值得让每个人都为之鼓掌。例如，贴好别人撕下来的海报，留下来帮助打扫教室，考试后为班上的同学带来甜甜圈，等等。我们往往只有在违反规则的现象出现时才承认规则的存在，但共同价值观可以在学生遵循其采取一定正向行动时就有所体现。

有一次，在学校师生的电子设备屡遭盗窃后，学校成立了一个委员会，名为"具有社会责任感的共同体"，并发起了一场全面的反盗窃运动。他们的口号是"我懂你"，意思是"我支持你，我不会袖手旁观，也不会再让东西在这里被盗"。超过300名学生签署了请愿书，并购买了视觉艺术系学生设计的"我懂你"贴纸。我不能说波士顿艺术学院现在完全没有盗窃，但是现在"我懂你"的口号回荡在学校的每一个角落，遵循共同价值观成为了我们的习惯。

我也参观过其他学校，特别是城市高中，随处可见的街头负面"荣誉守则"和学校行政禁令全面影响着学校师生。由于这两个方面经常以对立的形式呈现在师生面前，那么学校领导者应如何期望并要求师生就共同价值观进行对话呢？学生如何能够接受学校的规章制度而又不觉得自己必须背叛同龄人持有的一套价值观？

芬威高中的口号——"努力学习，做你自己，做正确的事"——代表学校的共同价值观。芬威高中的学生和教师使用此口号作为探索、定义和重新定义学校重要问题的一种方式。芬威校友说，他们在课程学习以及师生之间的对话中掌握了这些价值观。校友们紧接着告诉我他们是如何在工作、家庭生活、社区活动中"做正确的事"的。

波士顿艺术学院的共同价值观几乎成为我们全校所有人的价值观，这对于我们自己的社区是积极而又重要的。

在惩罚中进行思考

○ 偷酒事件

2005年春季，一些波士顿艺术学院音乐系的学生在当地一家音乐俱乐部演出，为音乐系进行筹款活动。这是一场精彩的音乐会，屋子里挤满了人，学生的家长和其他支持者观看了学生的出色表现。波士顿的一些专业音乐人与学生们一起登台演出，他们专门抽空来支持我们的学生。但是，第二天，俱乐部的老板打来电话，说有人从他的店中偷了酒。

副校长托雷斯女士将所有参与活动的音乐系学生聚集在一起，一开始场面很混乱，要挨着询问每个学生他们看到了什么。后来，这些年轻音乐人之一，乐队的一位负责人马丁对整个乐队说："嘿，听着，有人看到了什么吗？如果我们不能找出是谁做的并确保这种事不再发生，那么这对我们学校和我们乐队的声誉都很不利。艺术家们不会做这样的事。如果你们知道是谁做的，就说出来。我还想明年回到俱乐部演出，对我们来说，在这样的地方演出是很重要的。他们让我们免费演出了一晚。如果这件事在城里面传开，说波士顿艺术学院的学生会做这样的事，那么我们就无法在任何地方演出了，没有人想要这样。"马丁激动地说，但仍然没有人说话，接下来的几天都没有。在这些日子里，整个学校充斥着关于开除的事情，还有谣言说音乐系再也无法在校外演出了。与此同时，托雷斯女士和安保人员已经设法知道了真相：哪些学生偷了酒，哪些学生知道发生了什么却没有说，哪些学生什么都不知道。最后，肇事者们供认了，他们全部被停学，带头人艾克斯被开除了，这意味着她无法再回波士顿艺术学院了。她的家人对该决定提出上诉，听证会开了很多场。我从来不想惩罚某个学生，但我一直希望学生能从惩罚措施中学到东西。我经常质疑他们是否会学到什么，也质疑自己是否在做正确的事情。但是，尽管我对艾克斯的做法感到非常苦恼，但是我认为学校整体取得了很大的进步。这件事为我们提供了一个真正的机会来讨论"具有社会责任感的共同体"，同时敦促学生们学会自我管理。

尽管该事件仅直接涉及一部分学生，但由于谈论的学生太多，托雷斯女士决定举行一场全校大会。她还决定让学生与学生进行交流，而不是（通常会发生的）由校领导责骂所有人。托雷斯女士问马丁是否愿意向学生发表讲话，并解释为什么这是一件大事。她想要在不透露学生具体信息的情况下谈论事件造成的影响（停学和开除）。托雷斯女士解释说："马丁，我需要你谈谈更重要的问题，我们需要解决这个问题。这对学校不利，对所有人不利。"他同意了。

在大会上，马丁从座位上走出来，他说道："我们都知道这所学校很棒。当然，我们也有不满，有些东西我们都认为是愚蠢的，并试图改变。有些事我们能改变，例如，我知道新生都想在校外吃午餐，那么，也许你们可以改变这个现状。但是，让我们团结在一起的重要原因之一是，我们拥有这些共同的价值观。当然，当托雷斯女士每天早上通过学校广播告诉我们要体现一种共同的价值观时，我们当中有些人可能会笑，但这很有意义。我们确实相信要尊重多样性，看看这周围有多少不同的人。还要有适度的——"然后他像DJ一样，向观众伸出话筒，观众喊道："激情！"

"是的，没错，"马丁继续说道，"我们相信在一个共同体中要具有社会——"，观众再次回答，"责任感"。

"等等，"马丁支吾着，"有一个我不知道，我似乎从来没有真正地理解这一点。"托雷斯女士提示他，他说："是的，那就是要有愿景，但诚信至上。"

"事实上，就像你们从托雷斯女士那里听到的那样，他们正在处罚那些偷酒的学生。与此同时，我认为我们所有人都必须考虑这对我们学校和学校的声誉意味着什么。我们想成为艺术家，但如果事态变得很严重的话，我们就不能表演了，你们知道我的意思吗？"学生们静静地聆听着马丁的讲话。

我们不希望学生们将该事件视为"只是发生在音乐系学生身上的事情"。这种愚蠢的破坏性行为在青少年中很常见。如果学校领导从未处理过学生的盗窃或酗酒等破坏性行为，我会觉得难以置信。有多少青少年曾因喝醉而扰乱舞会？可悲的是，目睹该行为的学生常常保持沉默，或者大家的反应仅仅是耸耸肩或者是一笑而过。我为波士顿艺术学院的学生偷了酒感到难过，对其他学生没有揭发偷酒的学生感到失望，但是我为我们学校对这一事件的整体反应感到骄傲。马丁的领导力对我来说意义重大。这建立了一个规范，即受尊敬的学生领袖可以公开支持学校价值观，而不会被视为同龄人的"叛徒"或在"讨好"教师。

如何让共同价值观跟上时代，并被孩子接纳？

在某些方面，高中的一些做法很不合常理。比如，我们这些成年人将数百名青少年聚集在一个地方，要求他们在大多数人还睡眼惺忪的清晨就开始集中注意力，学习各种科目。我们还进一步要求这些青少年遵循我们制定的一系列规则，并以我们预先确定的合理方式确保他们不断进步。我们希望他们理解为什么尊重他人很重要。我们还要求学生学会承担社会责任。我们通过这些要求来回应社会对教育机构的期望。

但是我们不能就停在这里。通常，规则最初是由行政部门或者教职员工制定的，学生要么遵守规则，要么承担后果。在波士顿艺术学院，尽管教师最初创建了共同价值观，但我们这些成年人很快意识到我们必须找到方法，让学生从思想到行为都接纳并遵循这些共同价值观。否则，学校怎么能成为践行这些价值观的地方？学生需要掌握这些共同价值观并与这些价值观融为一体。如果学生没有积极地与他人展开合作，如果他们认为建立公平合理的共同体和他们无关，那么他们为什么要关心自己的行为是否体现了社会责任感？如果他们无法掌控学校其他的事情，那么他们又如何掌控自己的学习过程？许多学校都有活跃的学生会，这当然是听取学生声音的一种方式，但这还不够。建立共同价值观至关重要，所有学生在监督自己和同学时都需要遵循价值观中的理念。

我需要提醒自己，每年我们都需要重温共同价值观的含义。对于学校领导和教师来说，这样做可能会比较累，但是我们要努力将这些价值观摆在重要的位置，以免它们被遗忘。我仍然担心我们的学生经常对同龄人甚至对教师不够宽容和尊重。当我们的学生受到批评时，他们很容易就进行自我封闭。我不知道我们如何教授"有愿景但诚信至上"。"诚信"是与生俱来的，还是可以教会的？

我们在波士顿艺术学院了解到，如果没有像毕业设计、RICO原则以及共同价值观这样的一套工具，学生的学习成绩就很难提高，这些工具可以清楚地描述我们对学生行为、学生的学术课成绩和学生的艺术追求方面的期望。虽然拥有了这些工具并不意味着一切都能顺利进行——远非如此。但是，这些标准帮助我们一次又一次地解决学生每天所面临的冲突以及重大的社会、情感和教育问题。我们的共同价值观帮助我们去抵御诸如"白人至上"之类的错误言行以及更好地去应对盗窃问题。波士顿艺术学院的目标是保持共同价值观与时俱进，并且得到学生和教师的认同。这个工作量很大。

"早上好，波士顿艺术学院的孩子们！祝贺我们的查理·布朗蓝调乐队，该乐队刚刚在高中国际爵士音乐节上获得第二名。现在的时间是早上7点55分，每个人都应该在教室里了。请记得去实践我们的共同价值观——'适度的激情'，祝你们有美好的一天。"

每天早上，我都会听到副校长托雷斯女士提醒波士顿艺术学院的学生奉行学校的共同价值观。要是她忘记了，学生就会注意到，教师们也一样会注意到。

Part Two
第二部分

教师如何更好地成长

3

给杰出教育工作者真正需要的支援

是什么造就了优秀教师？

在美国电影中，我看到了许多教师成为英雄的形象。从《危险游戏》到《死亡诗社》，从《为人师表》到《霍兰先生的乐章》，美国教师们克服重重困难，将自己的身、心、灵都用来激发他们的学生学习。如果问那些有抱负的教师们，他们想成为什么样的教师，他们都会描述米歇尔·菲佛、罗宾·威廉姆斯等所扮演的角色。

对我而言，有趣的是，几乎所有电影中的校长毫无例外地都固执、目光短浅还欺负人，他们反对英勇的教师，都不受欢迎。此外，教师与学校管理人员之间的对抗模式还树立了特立独行的好教师形象，这些教师们在他们自己的课堂上独自工作，为幸运的学生创造了一个"独立的世界"。在偌大的学校中，英勇的教师和其"独立的世界"格外耀眼。那是一个非常诱人的形象，许多教师都在努力创造这些"独立的世界"。在电影中，英勇的教师全身心地投入到工作中，以至于他们牺牲了自己生活的其他方面，并把"拯救"学生视为个人责任。但我认为这种教学模式有缺陷，非常危险。

像我这样认为自己是在提拔和培养优秀教师的校长总是会认为，"不反对"是我们能做到的最好的事情。在本章中，我将介绍两位波士顿艺术学院的优秀教师，我询问过是什么使他们的工作变得出色。我认为创造条件使教师开展出色工作是校长的真正职责所在，比"不反对"要复杂和困难得多。在前两章中，我描述了共同价值观和RICO原则的作用——改善学生学习的习惯或态度。在本章及下一章中，我将探讨我们如何努力为教职员工提供一个前进方向，以及我们如何努力建设教师之间的合作文化，这是对"独立的世界"的直接反对。我也提出了这样的问题，作为一名学校领导，我可以合理地要求优秀的教师去做到什么程度。

首先，我要向你们介绍两位在波士顿艺术学院工作的优秀教师。尽管这两个人的性格和教学方法不同，但对我来说，他们都具有关键的品质，这些品质体现在良好的教学方法上：灵活性和意志力。灵活性是指教师能面向不同类型的学习者使用不同教学技巧，认识到每个学生都是不同的，并给出不同指导的技能；他们很敏锐地知道当学生不明白自己在说什么时，他们并没有做到大声地、慢慢地说；他们有很多种"教学武器"，其中最重要的是幽默感。意志力则是灵活性的进一步发挥，表明教师可以在一堂课期间承受多种不同观点的猛烈抨击，同时要认识到每个学生都在用自己的方式理解这堂课；这是在挑战所有学生的同时保持高标准的能力；具有足够意志力的教师在感觉很愤怒或难过时能够平静呼吸和保持情绪稳定，不需要向学生使用自己的教师职权来表明自己很强大。

陈女士的课堂

下午4点，大多数学生都完成了当天的常规课程，但走廊似乎比平时更拥挤。学生从早上7点到晚上6点一直待在学校并不罕见，但是走廊的人数似乎过多，这就很罕见了。"我们是在进行舞蹈音乐会的排练，陈女士正在点评一个学生的舞蹈。"一名11年级学生解释说。

"我希望她不要把尼基说哭了。"另一名11年级学生接着她朋友的话说。

陈女士的身高只有一米五，她爱她的学生，也不想让他们哭，但是她洪钟般的声音有时确实会吓到学生，说着说着，学生就哭了。而且她的评论很直接。实际上，她的确把尼基说哭了。

陈女士说："尼基，自上次的点评之后，我认为你没有那么努力了。音乐主题挖掘得不充分，且曲目的时长不符合要求，音乐也没有起到任何作用，这些我们已经讨论过了。"陈女士转向下一位舞者继续进行点评。尼基看上去很沮丧，闷闷不乐地点了点头，她试图掩饰自己的眼泪。

另一个学生西沃恩试图安慰她，"你知道陈女士是怎样的作风……她有一个标准，我们所有人都要达到那个水平，如果我们没有达到，她会一直大声强调，直到我们达到。你等着看，你的作品会受欢迎的。我就喜欢！"

"当你一个人在舞台上，其他舞者进入之前，你怎么编排那段舞的？"陈女士问劳伦，劳伦站在那里气喘吁吁，她刚表演完自己的编舞作品。"还记得专业小组成员的建议吗？他们建议你考虑使用可以为记忆丧失的痛苦营造特有气氛的音乐，而不是使用表达更多字面意义的歌词。玛丽·布莱姬的《不再伪装》就是一个明显的例子。"陈女士坐在舞蹈室的地板上，笔记本放在她前面。在我看来，陈女士的言行既体现了灵活性，也体现了意志力。她对尼基和劳伦的态度很强硬，她意志坚定，是一位拒绝学生退步、坚决引导学生树立并实现高目标的教师。当她谈论劳伦的作品时，她回忆起专业小组成员给劳伦的建议，并参考这一建议点评她的作品，这表明她可以灵活地与不同学习者交流，有针对性地给出反馈意见。

劳伦点了点头，仍然呼吸急促。还没等她说出自己的回答，陈女士继续说道："还记得我们一起听过的马友友演奏的莫扎特大提琴协奏曲中关于母女分别的那段音乐吗？这就是我刚刚说的——可以强化人内心情感的音乐，而不是讲述故事的歌词。"

"是的，那很好。"劳伦仍然上气不接下气，"或者，您去年给我们介绍的约翰·凯奇的作品怎么样？"她看着陈女士，希望得到她的肯定。

陈女士笑容灿烂，大声说："哦，太好了！那将是一种不同的音乐。"

"我知道您的意思，"劳伦表示赞同，"您提到的那段舞——从独舞到其他舞者作为我的影子登上舞台的过渡——从这段舞开始叙述我的祖父患上阿尔茨海默病的经历。我试图在这段减少对祖父本身的关注，而更多地关注记忆，这也是专业小组成员的建议。我想展示记忆如何塑造一个人，它影响了我们的现在与将来。"

我笑了笑，听着继续进行的谈话，陈女士就劳伦如何编排所讨论的那段舞蹈提出了很多有针对性的建议。陈女士建议："我希望从乐曲的力度变化中看到更多舞蹈与音乐的联系。"其他学生舞者也提出了一些不同的想法，他们都全神贯注地听着这场对话。表演近在眼前，这些想法对劳伦来说意义重大。我注意到的是陈女士是如何让劳伦表达自己的想法的。通常情况下，教师常常只是告诉学生该怎么做，而没有引导学生自己弄清楚怎么做。

劳伦继续说，"看到玛莎·格雷厄姆的舞蹈表演——《天使的嬉戏》，我的确受到了启发。我不仅在讲述我家人在阿尔茨海默病方面的经历，还试着表现记忆的重要性。"

陈女士补充说："而且，在这个作品中，你对格雷厄姆技巧的运用效果很好。"劳伦的脸上露出了微笑，她害羞地问："这是否意味着您喜欢它？"陈女士看到了劳伦期望得到认可的眼神，因此她回应了这种需求，同时仍然强调劳伦可以达到更高的水平。

陈女士承认说："进展得不错，我看到了你是如何利用格雷厄姆的艺术传统创造出你自己的舞蹈动作的。劳伦，你还记得你最近的RICO评估吗？"劳伦的身体微微前倾，她专心地听着。"那时，我们谈到了你需要大胆尝试并用作品说话。你一直担心别人会说些什么或我会如何反应。这是你完善作品的过程中的必然感受，但今年你明显更自信了，对吗？"陈女士停顿了一下。

"是的，是的……"劳伦仍在犹豫，担心着接下来发生的事情。

陈女士继续说道："你已经完善了自己的作品，且掌握并自信地运用了格雷厄姆技巧。现在，大胆一些，听从你的身体，你可能会发挥创造力，也可能偏离主题，你可以尽情地尝试，用你的编舞说话吧。"

"好的。"劳伦平静地说。她穿上厚厚的运动衫，收拾东西，准备换衣服。她快步走到陈女士面前，给了她一个拥抱。"谢谢。"说完，劳伦跑了出去。劳伦对"做错事"和"令教师失望"感到恐惧。陈女士可以直接消除劳伦的这些恐惧，并帮助劳伦学会信任自己和大胆尝试。这是陈女士的一个优秀品质，虽然她本人就是一个容易激发学生产生恐惧情绪的强有力的存在。陈女士一直在利用自己的力量帮助学生成长。

我不认为陈女士是一位神奇的教师，或者波士顿艺术学院是一所神奇的学校。我不希望陈女士一个人孤军奋战，也没有奢求每个孩子都能创造奇迹。所有学校和教师都可以帮助学生创造出师生共同关心的作品。学校领导者无法实现它（我们要是如此强大该多好啊！），但是我们可以建立适当的机制来使其实现。对我来说，这意味着要做出决定，让教师花时间（不仅是每天，而且要持续很多年）与每个孩子一对一交谈。即使是像陈女士这样技能娴熟且有奉献精神的教师，也需要这种宝贵的机会，以帮助学生学会摆脱恐惧，提高技能，完善自己想要创造的作品。就像舞者每天需要锻炼身体以保持灵活性和意志力一样，教师也需要与其他教师一起"锻炼"。除了教师们要有时间与学生在一起之外，我还需要确保教师们有时间一起聚会并互相讨论他们的教学计划。只待在教室里的话，强大而灵活的教师也可能会丧失意志力（有时候，当负担变得过于沉重时，我们必须减轻负担），或者因为我们的"教学肌肉"僵硬而形成了固定的教学模式，进一步失去了灵活性。

尼基能够摆脱她的恐惧吗？对她来说，失败本身就成了一种自我实现的预言。陈女士如何帮助她扭转退步的趋势？在这种趋势中，小小的失败引发一系列连锁反应。劳伦的经验表明，随着她取得成功，陈女士能够推动她走得更远。在陈女士的鼓励和敦促下，劳伦变得更自信了，也更加敢于尝试。

当我看到劳伦离开舞蹈室时，我想我看到的是一个会继续努力学习、提高技能的学生。我像往常一样，满怀敬畏地观察好教师是如何开展工作的。但是我想知道：尼基呢？她的经历会鼓励她努力学习吗？我担心陈女士专注于辅导她们班上劳伦这样的学生，以至于她没有给予尼基足够的注意力。我期望陈女士能同时教好尼基和劳伦，这么想是对的吗？我觉得是对的。

陈女士的学生们将她视为一个艺术家兼学者的代表，她在许多方面给学生树立了榜样。而且，对于高中生来说，他们觉得他们也被认真地当作艺术家和学者来对待，从某些方面来说，他们是陈女士的同事，她会为他们编舞。陈女士非常在意这次演出，让其他专业人员来与他们合作。即使是那些高中毕业后不会再继续学习舞蹈的学生也知道，很多观众会认真观看他们的演出。当然，对陈女士而言，她的高期望和有些"残酷"的坦诚是对学生的尊重，但这可能会使像尼基这样的学生哭泣。作为校长，我的工作是继续问陈女士一些困难的问题，这些问题可以激励她关注所有学生，即使是在她感到疲倦并且需要额外的推动力时。

我们希望孩子们能够意识到：他们的想法很重要。归根结底，教师需要将这一想法传达给他们的学生。教师是每一所学校首要重视的资源，他们对学校来说很重要，他们不是静态的"资产"，是一种可再生的资源——这意味着校长必须确保其可再生，拥有好教师对学校来说是幸运的。陈女士已经成为一名优秀的教师——但我的工作是让她做到最好，并且牢记一点：她需要时间、空间和支持才能做到这一点。许多优秀的教师由于多年独自应对工作负担而崩溃，陈女士是教师的榜样，她在工作中一直保持坚强和快乐的心态，做到了灵活处理各种难题。当我想到她时，我会问：是什么塑造了她？我如何才能帮助年轻的教师发展成为未来的陈女士？而且，如何确保我不会忘记陈女士也需要持续的支持来保持她的意志力和灵活性？

我知道提出有益的批评是至关重要的。我需要观察陈女士的教学过程，并抽出时间与她谈谈我所看到的。我还要努力建立有效的机制，赋予她足够的自主权和做决策的权力，同时确保她有机会与同事展开合作。最后我能做的最重要的事情之一（也是迄今为止最有意义和最复杂的事情）是为陈女士和其他人腾出时间离开学生，进行艺术和学术上的思考与探讨。

当我看着像劳伦这样的孩子们与他们的教师如何相处时，我在思考这种基于艺术的师徒模式是否可以在艺术教室之外进行。在我们的学校中，我们希望教师尝试从艺术课中汲取灵感以进行学术课教学，并从学术课中获得丰富的知识以开展艺术教学。作为一名以艺术为中心的学校的校长，对我而言，特别重要的是要防止波士顿艺术学院的艺术教室成为"特殊的世界"，防止学生们将所有的关注点都放在艺术课上，认为其余的课都不那么有吸引力和重要。

对于陈女士来说，建立我所说的师徒关系似乎很容易，因为学生们习惯了找她探讨并学习舞蹈。他们带着热切的期望来到她的课堂，希望学到东西。很少有学生带着同样求知若渴的心态走进必修的数学课或英语课课堂。必修科目的教师总是无奈地看着教室里满是有勉强或抵触情绪的学生，如何引导这些孩子对所学科目展示出像劳伦对舞蹈的那种热情？

学生们来到我们学校，往往是对艺术学习充满兴趣，而已经准备好对学术课感到厌烦，甚至预料自己会在这些科目上不及格。在波士顿艺术学院，一种常见的说法是："我讨厌数学，我从来都学不好。"那么，学术课教师如何在适应并了解学生的同时，让学生学习可能对他们来说困难、无聊甚至陌生的知识点呢？学生进入教室之前就学过这个学科，有先前的学习体验。如果这种体验是痛苦的——例如，学生在学习这些科目时感到很吃力，就会因为挫败或屈辱感在心灵上留下难以磨灭的伤痕——那么优秀教师怎么能帮助他们治愈？阿里先生让我们看到了这一点该如何做到。

阿里先生的课堂

阿里先生的高级人文课程刚刚开始。散热器间歇性地发出巨大的声响，给狭小的房间散发出过多的热量。在这么小的空间里，20个学生感觉就像50个学生一样拥挤。两张教师讲台、书架和一个金属壁橱被塞在了教室的角落，学生、一名辅导员和一名手语翻译不得不挤在一堆椅子中，这些椅子被堆在摆在一起的桌子周围。

墙壁上贴着海报、艺术品、学生作品、用于自传项目的学生们的婴儿照等。有一张海报上引用了保罗·弗莱雷的《被压迫者教育学》中的话：

"世界上根本就不存在中立的教育过程。教育要么充当使年轻一代融入现行制度并使他们与之不相背的手段，要么就变成'自由的实践'，也即人借此批判性地和创造性地对待现实并发现如何改造世界的途径。"

上这个人文课的有非裔、拉丁裔、亚裔和白人学生。有一个学生坐在轮椅上与辅导员一起上课，而另一名学生则听力不好，需要手语翻译。该课程是有意混合的，包括艺术和学术水平不一的学生。一些学生参加了"公开荣誉"项目，这是一个全校范围的项目，允许他们在混合水平班获得荣誉学分。其他人则是在努力达到上大学预科课程的基准。

阿里先生是波士顿艺术学院的创始成员。他帮助创建了波士顿艺术学院四年制人文学科，他将其称为"多头蛇"，因为这是语言艺术（英语）、社会研究、历史、哲学和经济学的结合。人文课程的重点是发展学生的批判性思维、阅读能力、口头和书面表达能力。

与波士顿艺术学院的所有学术课教师一样，人文学科的教师每学期在其学科领域内教授两门课程，平均每学期会教45名学生。由于还有写作研讨课和咨询小组工作，教师们每学期负责大约65名学生。然而在大多数其他城市学校中，教师们每天就要教大约150名学生。在波士顿艺术学院，大多数学术课教师一天只有一次准备工作要做，例如准备上9年级的人文课或12年级的科学课。教师基本上都是在学生9年级或10年级的时候教过他们，然后11年级和12年级的时候再次教他们。作为领导者，我的工作之一就是努力保持教师的"负担"是在可控范围内的，这是阿里先生成为一名出色教师的重要原因。但是，要使之成为可能，阿里先生必须乐于并且能够教授一系列更广泛的知识点，而不是固守在英语、社会研究、艺术史等传统内容领域。他的知识体系以及对待个别孩子的方式都要更加灵活。一个教师要会很多。

阿里先生出生于乌干达，父母是索马里人，居住在沙特阿拉伯，在印度学习，13岁时来到波士顿，由一名深受爱戴的非裔美国牧师抚养长大。在本学期的第一天，他就站到了12年级学生面前。他的穿着向来很奇异又略带野性，戴着一条彩色领带，这条彩色领带在条纹衬衫和白领子的映衬下格外醒目。阿里先生开始上课，欢迎他已经很熟悉的12年级学生，并规划了他们在这最后也是最困难的一年中将要在这门课上完成的任务。一些学生完全投入其中专心听讲，一些学生则疯狂地在素描本上画素描，一些学生听到阿里先生的声音有些振奋。艾莉莎是个高瘦的年轻女孩，她的头发紧紧地梳成玉米辫，她穿着松松垮垮的棉衣，头和身体都转向看不见阿里先生的另一边，仿佛在说："我不听你讲课"，然后疯狂地抠指甲。

阿里先生面向学生，描述了即将到来的挑战，"卡罗琳是一名学跳舞的学生，但本学期她将面临挑战，离开舞蹈这个舒适区，并学习理解其他艺术学科。同样，约书亚和我需要处理的学习资料不仅仅是关于人文课的。我们热爱人文学科，但我们需要离开我们的舒适区，以不同的审美观对待这些学习资料。这对我来说并不容易。对于约书亚来说也许更容易些，因为他是一名视觉艺术学生。但是，我对舞蹈又有什么了解呢？"阿里先生把自己视作一名学生，这样似乎使约书亚的形象变得更高大了，他坐在那里更骄傲了。与此同时，艾莉莎离阿里先生更远了，更加专注地在抠指甲。他似乎没有注意到她一直皱着的眉头和她拒绝听课的姿势，至少他此刻什么也没说。

他继续说道："请记住这个课程的基本问题：我们为什么要费心学艺术？我们对艺术应该持什么态度？我们如何学习研究艺术的美学？我们将从阅读亚里士多德的《诗学》开始，伟大的希腊哲学家亚里士多德也要应付同样的问题，你们将学到更多有关他的知识。"

过了一会儿，阿里先生将学生的注意力转移到他们的第一次作业上，仔细阅读亚里士多德的作品并为课堂讨论准备问题。"当你们浏览评分标准时，你们觉得自己哪些地方做得不太好？"他问道，"你们需要在哪里做出改进？你们在哪些地方遇到了麻烦？什么会给你们带来挑战？"

教室里面有人举手。艾伦首先说："我知道我很难改变主意，虽然我会很积极地聆听。我有自己的见解，我通常会坚持自己的想法。

如果我不同意别人说的，我就会忽略他们。"教室里传来了笑声。

"是的，我也有这种感觉。"艾莉莎突然说，她把头抬起来，不再抠手了。她瞪着她的同学们，说话语气有点挑战别人的意思。她是合唱团中的女低音，嗓音悦耳动听，但她说话时通常很大声，像是在生气。"如果我不同意别人的看法，我就会变得非常有攻击性。如果环境充满敌意，我感到不安全，我就会把自己封闭起来。"这最后一句话听起来似乎是对全班同学的威胁，让他们不要与她"敌对"。

"是的，你可以自我封闭，"阿里先生表示同意，"确保教室里所有人的安全是我的职责。我知道这种方式对你很重要，艾莉莎。你之前在人文课3上的写作和出勤确实证明了这一点。"阿里先生冷静地回应了艾莉莎，并肯定了她的"聪明"。这位看起来愤怒且不听讲的年轻女孩无法克制自己的微笑。当她微笑时，整个世界都明亮起来了。我看着她，猜想着她的脑袋里正在想些什么。她知道阿里先生尊重她的想法和写作，她记得他们从9年级的人文课起就建立了师生友谊。阿里先生多次向她证明自己是公平的。她知道是他激励了自己努力学习。阿里先生向我展示了很多出色的教师都具有的灵活性。他的期望和标准很高（像陈女士一样），但他也是一个会变通的人，努力使每个孩子都参与到他的课堂中来。

我想艾莉莎一定记得阿里先生曾多少次督促她完善和修改人文课3的论文，直到她最终在4分制评分标准上获得3.3分（所有学生必须获得3分，这个分数代表着精通。如果没有3分，学生将重修。人文课3没有暑期课程）。去年，她大喇叭一样的声音回荡在走廊里，她欢呼说："我通过了人文课3！是的，我做到了。我得了3.3分！我要上12年级了!"她与路过的所有人击掌。"看!看!"她把卷子像奖杯一样高高举起,给周围的人看并大声喊道。新生看着她,以为她疯了,向她点了点头,他们担心自己会被卷子刮到,但艾莉莎不在乎。她在波士顿艺术学院取得了里程碑式的进步,她为此感到自豪。我确信,在与艾莉莎和她的草稿的痛苦斗争中,正是阿里先生坚定的意志力使他得以保持高标准。很多教师会在指导学生修改了两三次之后就放弃了,告诉学生"可以了",尽管他们并不是这么想的。

最重要的是,在课堂上的这一刻,艾莉莎知道阿里先生是很重视她的。她已经有几个月没有上阿里先生的课了,她可能在新学期的第一天暂时忘记了阿里先生的课堂,但是这次交流唤醒了她的记忆。她不知不觉地成为了课堂上的焦点。她忘记了抠手,然后很明显在听课了。

"还有你,詹姆森?你认为你还需要做出哪些改进?"吉米抬起头,他似乎在打瞌睡,但他准备回应老师了。学校里的所有人都管詹姆森叫吉米,但是阿里先生还是喊他"詹姆森",更为正式的称呼让师生之间的谈话变得更为严肃,也有助于吉米意识到他在课堂上的积极参与很重要。这也许就像:如果你穿着正装,就不会表现得随意。

"对我来说,我很难做好准备来上课。我想要做好准备,但是我有太多事情要做。我知道,如果我想要毕业的话,就需要更加专注于学业。我想要好好准备,我真的想,但有时我还是没有阅读该读的内容。"

阿里先生对吉米说的点了点头,说道:"谢谢你,詹姆森。感谢你的诚实。我真的希望这次研讨课对你来说是一次不同的、有意义的体验。"吉米有点羞涩地点了点头。

在我看来，吉米是一位杰出的学生。在9年级时，他在关于美国种族问题的课堂讨论中表现出色。然而，这些年来，他在我的办公室里度过了太多痛苦，有时甚至是愤怒的时光。他特别想留在学校，但轻松赚取外快的诱惑力太大。亚里士多德和美学对他来说又有多少吸引力呢？我知道，拯救吉米不是阿里先生的责任，教师的职责是有限的。阿里先生也知道这一点，至少是在理性上。即使他不自觉地想对吉米负责，最终他也会疲惫不堪。作为校长我可以做些什么来防止这种情况发生？

"詹姆森，如果你不能集中精力上课，可以安静地站起来去洗手间，走一走，这不算不礼貌，但上课睡觉是不礼貌的。"阿里先生说道。

"我只是很难推动对话，我喜欢争论，我一直认为我是对的。有时候，就像你说的那样，"学习视觉艺术的约书亚看着阿里先生，承认说，"我争论只是因为我想要争论，而没有听别人的意见。"阿里先生听到这句话，突然笑了。

"不用我说了！谢谢约书亚。"阿里先生说，再次展示了他的灵活性。约书亚和艾莉莎承认了自己面临的挑战。阿里先生因为他们的诚实鼓励他们，而没有因为他们的失败而惩罚他们。他对全班同学说："你们注意到了你们应该怎么准备研讨课，这并不容易。现在，你们需要阅读我布置的课文并至少准备一个问题。"

阿里先生将学生们分成不同小组，他们小心翼翼地来到他们的小组，以免造成混乱的场面。3到4个学生为一组，每组学生通过讨论刚读过的课文节选部分来进行阅读练习。阿里先生解释说，今天，是他从课文中选择了段落，但通常情况下，学生们要自己选择要讨论的课文段落。

吉米、艾伦和另外两名学生组成了一组。艾伦有一位专门的辅导员，这位辅导员跟她一对一辅导，因为她的阅读水平远远低于其他学生。经过讨论，她能够参加研讨课，没有人因为与她一个小组而感到生气。就能力或知识水平而言，全班是随机分组的。所有学生似乎都对分配的小组伙伴感到满意。

艾莉莎与苗条、安静的芭蕾舞演员凯蒂·安妮一组。凯蒂·安妮从今早上舞蹈课开始，她的金发就盘成了芭蕾舞发髻，下了舞蹈课后她没有时间将头发放下来。她们这个组合看起来最不协调。凯蒂·安妮来自中产阶级家庭，她的梦想是考入茱莉亚音乐学院这样的学校，从事芭蕾舞生涯。由于凯蒂·安妮要上舞蹈课程以及希望在所在社区的一所公立学校上学，所以她从一所小型私立学校来到波士顿艺术学院。凯蒂·安妮很少会偏离自己的轨道，她一直名列荣誉榜之上。

艾莉莎的身高和体重是凯蒂·安妮的两倍，并且在学校以大嗓门而闻名。她想上一所音乐学院，但她负担不起，因此总是怀着某种不满的心情看待社区大学。（我们的合作学校之一波士顿音乐学院没有足够的资金来资助像艾莉莎这样的学生，她是不错的学生，但是不够顶尖。）艾莉莎与姨妈及表妹住在一起，因为她的母亲两年前因为艾滋病去世了。两个女孩的阅读成绩都很好，但是艾莉莎很容易被她的朋友分心，她的数学勉强及格，不是因为她做不好，而是因为她总是有朋友要招待而没时间做作业。

"别说了，迈克尔，"她对着教室里她的一位朋友说，"你看不到我们在做题吗？！"

阿里先生来到艾莉莎的桌子旁边，挡住了迈克尔。他说："这种阅读对你们来说应该很有趣。实际上，我们在人文课3中已经触及了其中的一些问题，但没有深入探讨。这是你们挖掘、分析、辩论、捍卫立场、提供证据的好机会。展示给我们看吧！我知道你们可以做到！"

尽管阿里先生是在对全班讲话，但艾莉莎却感觉到这是对她个人的挑战和鼓励。她知道阿里先生认为她可以完成这个阅读作业，并且可以做得很好。而且，当她看着凯蒂·安妮认真地低头看阅读内容时，她似乎变得更柔和了，也许她认为不应该让凯蒂·安妮分散注意力。

"来吧，"艾莉莎敦促道，"我来读这部分内容，你阅读其他内容，然后我们像在加西亚老师课上开展'拼图活动'一样一起完成阅读任务。"

"拼图活动"是学生在加西亚先生的人文课上学到的一种技巧。我很高兴看到艾莉莎使用她从一位教师那里学到的技能来完成另一位教师布置的任务——这是教师的工作如何互相支持的一个例子。"拼图活动"的目的不是让每个学生阅读整篇文章，而是让他们深入理解某一部分，然后与小组中的其他成员分享。因此，每个人都可以做到对某一个阅读板块很熟悉，与其他同学互相学习，然后吸收和理解整篇文章。

艾莉莎告诉凯蒂·安妮："这样我们俩都不必阅读整篇文章了。"

凯蒂·安妮似乎对与艾莉莎一同做任务感到轻松。

她们低下头看阅读材料。班上的每个人似乎都很专注。

我对阿里先生和艾莉莎之间充满默契的互动并不感到震惊。阿里先生上这节课是有关键优势的。他非常了解他的学生，他知道如何凭借学生对艺术的热爱来吸引学生。他重视并尊重他的学生，把他们视作艺术家与学者，因为他看过并与学生讨论过他们的作品。他会认真听取艺术课教师的建议并最终与同事们达成了合作。他不是一个人在作战，而是作为团队中的一员，不用承担计划课程、教授课程和评估学生的全部工作负担。相反，他与团队其他成员合作，团队帮助他找到了最好的工作方法。

艾莉莎在阿里先生的课上也有一些无形的优势。如果她面对的是一个她不认识，同时也不认识她的教师，那么艾莉莎的大胆做法可能会被当作粗鲁行为。教师会觉得她需要"改掉这种我行我素的作风"。当然，很少有教师会公开谈论艾莉莎这样的学生，尤其是因为许多像艾莉莎一样的高中生都辍学了。在波士顿艺术学院，她有机会得到一位教师的长期陪伴，并且与这位教师建立起了一种信任关系。艾莉莎还有另一个优势。在一天的学习中，她可能会在一些课堂上因无聊和抵触情绪而挣扎，但是她也会与同伴一起唱歌、合奏、学习理论知识、弹钢琴，并准备在朋友、家人和许多年轻学生面前表演。她对音乐课的信心猛增，她也在尝试将这种愉悦带到学术课上。

一次成功真的可以带来更多成功（反之亦然）。这在陈女士的课堂上表现得很明显，但我们在阿里先生的课堂上看得更加清楚了，在他的课堂上学生并不都是自愿来上这门课的。阿里先生可以在将艾莉莎看作一名艺术家的基础上鼓励她进行学术课学习。这些年来，他一直在听她的音乐会，而且他知道她对音乐有天赋而且也很热爱。同时，他也期待艾莉莎在自己的人文课课堂上能带给他同样的喜悦。阿里先生帮助艾莉莎并不是以一种让她尴尬的方式，在阻止她与迈克尔的互动时，他没有使用教师职权，而是通过提醒全班来巧妙地提醒她，她是一个能干、受过教育、有能力的年轻女孩。像陈女士一样，阿里先生既坚定又灵活。

在同一个班上教凯蒂·安妮、艾莉莎、吉米、约书亚和艾伦并不容易。每个学生的知识水平都不同，且来自不同的社会文化和经济背景。尽管阿里先生对每个学生的背景都非常了解，而且他也深入思考并实践了许多不同的技巧，努力在这样的班级中取得成功，但他每天所取得的成功都是不同程度的。有时他觉得自己没有给像凯蒂·安妮这样的学生足够的挑战。他甚至担心吉米由于太长时间没上学，可能根本毕不了业。他有时也会感到很沮丧，无论他多么努力地提醒艾伦，但她似乎只能把信息记住几天。他的聋哑学生即使在特殊教育教师的帮助下，英语水平也没有明显提高。那艾莉莎呢？她在波士顿艺术学院的成功是否足以使她具备升入大学的条件？她有足够的毅力来接受更高等的教育吗？

这些问题困扰着阿里先生。他是否已教会他的学生持续的努力（马拉松式的）才能取得成功？短跑冲刺要容易得多，而这始终是无数学生的后备计划。许多学生熬夜来完成作业，而没有真正花费必要的学习时间。要改变这一现象实在是太难了。这些无休止的问题和忧虑使阿里先生的工作极为艰巨。他希望学生的成就感能最终多于学生的挫败感，但是有时候，所有努力看起来都很令人沮丧。作为他的校长，我的职责是帮助他知道何时该说"足够了"，以留点力气给教学事业这场超级马拉松。为了做到这一点，我会找时间与他谈一谈他对某个班级或学生的感受，希望可以在他沮丧时帮助他重拾愿景。我提醒他帮助过的哪些学生取得了成功，"你从没想过凯尔会听懂课，但是你做到了"。我还试图提醒他明天又是新的一天，他的家人现在需要他，"当你回来时，工作还在这里。现在跟工作保持距离。"

学校领导者如何帮助优秀教师保持良好的状态？

像许多教师一样，我独自一人在教室里，关上门，开始了我的职业生涯，也独自提高自己的教学技能。我的许多同事也是以这种方式开始的，他们所在的学校并不鼓励或期望他们在退休之前把这扇门打开。我受过的训练认为教学是一种个人追求，不需要协作。我也受过这样的认知训练，认为要成为一名好教师，就意味着成为一名英雄。但是，在我的认知里，学校没有由英雄组成的团队。为了成为一名优秀的学校领导，我必须学会质疑我所认为的教学本质。

在波士顿艺术学院进行教学绝对不是一项孤立的活动。尽管我对陈女士或阿里先生的教室中时时刻刻会发生的日常活动影响不大，但我可以改进日程安排（学校的主干系统），以确保教师们互相帮助，团队成员和所有教师之间分享忧虑和问题。阿里先生每周都会与教学术课和艺术课的同事开会，讨论学生的问题并制订课程安排。在今年年底，他将与他的团队一起度过两天，互相审查和评价彼此的课程，并创建本年度的课程笔记，以便他们继续建立集体的工作档案。

阿里先生和他的同事们都是很优秀的教师，作为校长，能与他们一起工作，我感到很幸运。但是比他们的个人才能更重要的是，他们具有作为团队协作的意识与能力。这些教师为了制订出最好的12年级课程安排，进行了辩论、折中、选择、重新思考、研究和反思。他们请来了其他学科的教师，尤其是艺术课教师，以补充或评估他们的课程设计。他们学会了接受批评，愿意承认需要帮助，并一起合作。他们邀请了其他领域的学者，例如当地的经济学教授，来扩展他们的认知。艺术课教师在其学科中也经历了相似的过程，他们邀请外部人士进行评估和参加团队会议。

阿里先生和陈女士不是波士顿艺术学院的"个例"。我在这里讲述他们的故事，是为了说明我们的教师取得成功的方式。作为领导者，我的工作是建立一所学校，所有教师都在团队中工作，并有时间安排交谈、互相听课，像艺术家创作作品一样认真并带着批判式的眼光制订课程。如果我做好我的工作，教师之间、师生之间会建立好关系，这种关系将足够牢固，同时经得起世界施加在我们所有人身上巨大的、有时是毁灭性的压力。

在波士顿艺术学院，教师们共同评估所有毕业班学生的个人和小组项目，而不仅仅是他们自己的学生。正如学生必须合作一样，教师也必须合作。学会跟彼此示弱对教师和学生都同样重要。在人文课4中，学生每学期的任课教师都是不同的，他们要在课程结束时整合两个学期中学到的知识。有一个学期，艾莉莎要上加西亚先生的课，而下一个学期她要上阿里先生的课。她的成绩将取决于她两个学期的表现以及两个教师的反馈意见。两位教师都会为她的作业评分。这是一个复杂的评估系统，需要教师就评估内容和评估工具达成一致，并就学生的进步进行清晰的沟通。同时，这要求实行教师的共同责任制。对艾莉莎成绩评估负责的不只是阿里先生，整个团队都要负责。艺术课教师也是如此，整个教师团队一起明确12年级毕业生的毕业要求或参加评审团。这样，每个教师都必须坚定地在自己的课堂上保持标准，与此同时，团队可以承担一些"困难"的压力，这样每个人都不会因为学生抵抗而崩溃。

教师并不必都来自与学生相同的背景，但是波士顿艺术学院确实要求每个教师将了解学生的不同背景作为发展课程和师生关系的基础。阿里先生和陈女士凭直觉就理解这一点。其他教师需要更加努力，需要同事的合作和协助，以确保他们始终对了解学生的多种方式持开放态度。教师们互相挑战以不同的方式看待某个学生，以此帮助彼此保持灵活性。在互相帮助明确职责方面，教师们的合作也至关重要。当阿里先生说出担心吉米时，另一位教师可能会温柔地告诉他："我们正在努力帮助他。而且，最终，我们必须接受我们能做的事情是有限的。"当我听到一位教师告诉另一位教师"现在该回家了"时，我会很高兴。

在波士顿艺术学院，陈女士和她的同事们的目标是，与其团队紧密合作，以找到最佳方法，使学生取得高水平的成就。我在波士顿艺术学院一起工作的同事，例如阿里先生，并没有因为学生的能力水平差异过大，或者学生邻里存在太多暴力或贫困就认为一些学生会失败。这不是因为他们是圣人（尽管我经常发现他们非常令人钦佩），而是因为这种指责会占用他们工作中的太多宝贵精力，教师们完全可以利用这部分宝贵精力共同应对挑战。所有人都在不断地努力做好我们的那部分工作，尽自己所能使我们的学生能够在世界舞台上占据一席之地。

4

打造"专业学习共同体"

从"教学内容工厂"到"专业学习共同体"

去年，我面试了一位教师乔斯林·伯纳德，她应聘科学教师职位。乔斯林在另一所城市学校任教一年，他们使用的是和我们相同的工程课程。令我激动的是，乔斯林也曾担任工程师多年。但随着面试的进行，我对她向我们所说的第一年教学经历感到震惊。令人遗憾的是，我觉得她在非常重要的第一年，没有学到必要的教学技能，她要加入我们还要先摆脱思想包袱。

乔斯林在她原先的任教学校每天教的学生超过150个，尽管她受益于每两周左右有一位指导教师来听她的课，但她没有导师。她只参加过一门暑期班的特殊教育课程，但却被分配去教授几个接受特殊教育的"有行为问题的学生"。根据法律，本应给乔斯林安排一名特殊教育教师陪同她上这堂课，但是这位教师通常忙于特殊教育学生的考试。

乔斯林分享了她在工程课程中的一些成功经验和挑战。"一些资源工具包从未到过我们学校，所以每天晚上我自己开发教科书中的所有实验。"她告诉我们，她实际上自费数千美元购买材料。

"职业发展呢？"面试小组中波士顿艺术学院的一位教师包蒂斯塔女士问她。她好奇地看着我们，包蒂斯塔女士继续问，"教师们什么时候在一起开会计划课程？教师之间互相听课吗？"

"哦，是的，我们的9年级教师团队几乎每天都开会，"乔斯林解释说，"但是我们没有计划课程或谈论课程，从来没有时间这样做。我们得谈论出勤和迟到问题，因为这是一个大问题。学校管理部门试图从相关机构获得额外的用来解决逃学问题的资金，所以总是有很多表格需要填写。此外，我们还花了一些时间分析每季度全市测试和州标准化测试。我们会回顾去年9年级学生的分数……"

"我不明白，"包蒂斯塔女士打断道，"你们不看当前学生的成绩吗？"

"嗯，我们年初没有这些分数，所以我们看上一年英语、数学和自然科学标准化考试的分数，以了解如何改善教学。"

然后，我们从乔斯林那里了解到，当前学生的考试成绩出来了之后，教师们会仔细分析学生在哪些方面做得不好，并将其与学区期望他们教的标准进行对比。前提是这将帮助教师找出"改善"教学的方法。用分析来改进的想法在理论上是好主意，但在实践中却造成了一种令人误解的假象，即学校学生取得了好成绩。尽管乔斯林的学生在科学考试中表现不佳，但比她所在地区其他高中的学生做得好。她的领导向她表示祝贺，但该地区其他学生的分数非常糟糕，乔斯林对此感觉不佳。她告诉我们："因为分析考试项目非常耗时，所以几乎没有机会谈论教学。"

在学期中，一位读写教练与整个9年级教师团队见了面，并评估了将读写技能整合进所有学科内容领域的策略。乔斯林觉得这些想法很有趣，但她认为自己对所授课程还不够熟悉，无法考虑其他方面的问题，而且她担心，没有人听过她在工程课程中讲读写相关的内容，她可能讲得并不好。"我们的目标是我们所有人都教授一个读写板块。从来没人这样教过，所以我们要将其附加到我们的主要教学内容中。这是让我不堪重负、不知所措的一年。我想我只是在寻找这样一所学校，在那里我将获得更多的支持，并且在那里，教师们是在真正地谈论教学，而不仅仅是考试结果和必须提交到另一间办公室的表格。"

我可以明显地感觉到这位尽职尽责并富有创造力的年轻教师已经在一份热爱的工作上精疲力竭了，她可能并未察觉。可以理解的是她一直专注于自身。由于庞大的工作量，这个体系已经没有什么能带给她的了。

从表面上看，乔斯林正在做学校领导要求所有教师做的事情：以引人入胜的方式向她的学生教授内容，吸引他们参与课堂。毕竟，学校是要教学生的。

但是，效果最好并鼓励教师尽最大努力的学校（我会说像波士顿艺术学院一样）不仅仅是"教学内容工厂"，而应该是某些教育工作者所认同的"专业学习共同体"。我接受这个概念，虽然听起来有点官方，但却是一种深刻而强大的理想。在这个专业学习共同体中，学校的全体教职员工（包括行政管理人员）围绕一套共享的标准和评估方式（每个学生都知道）共同努力工作。

　　这样的学校不仅为学生提供了学习环境，也为所有教职员工提供了学习环境。没有人会觉得他们"做对了"，也没有人认为教师不再需要任何学习。教师不断检查他们的教学标准，并且随着学生熟练程度的提高，他们会重新进行评估与调整。教师和校长都知道，在一个专业学习共同体中，教师、行政人员和学生持续成长、接受挑战以及彼此信任。当然，教师有机会学习新事物，但是，他们如何以及在什么条件下分别或一起学习，如何分享自己的实践经验，甚至是他们之间的分歧，这些构成了一个充满活力的学习共同体。在这个学习共同体中，没有人满足于目前取得的成绩，每个人都互相支持，批判不仅是针对学生，而且还针对成年人。

　　当然，这是一项艰巨的任务，已经建立专业学习共同体的学校中可能仍存在一些抵制或反对的声音。然而，所有的努力都是值得的，因为最终学生将受益。

米勒女士的故事：一位数学教师向同事和学生学习

　　一个初秋时节，我和波士顿艺术学院的数学教师米勒女士见面，询问她觉得自己的课程进行得如何。米勒女士是我们学校的一位新教师，数学小组的每个人都认为她是我们的理想人选，她也在这里收获了"成长"。

"我不知道。"她试探性地开始说道，"我为学生做的似乎永远不够，今年比去年困难得多。"米勒女士曾是一位自信且热情洋溢的实习教师，即使在疲惫时都能从容应对。现在她似乎比以前看起来更加疲惫和焦虑。"我通常在晚上六七点才回家，因为有很多事情要做。我不是在改作业、计划课程、联系家长，就是放学后与个别学生面谈，我想我有点不堪重负了。"

我明白那种不堪重负的感觉。实际上，米勒女士的故事使我想起了自己早年教数学的时候——我很可能说过同样的话。我知道改作业、备课以及联系家长和学生所花费的时间。我还注意到，几年后最出色的教师，他们在开始教学的那一年都是最艰难的：他们想要做的事情和可以做的事情之间存在很大的差距。那些认为自己表现不错的年轻教师才是我真正担心的。我可以和米勒女士谈一谈策略，但现在我想了解她对课堂管理的感受。我听了几次她的课，发现她对学生的课堂参与度低感到不满。我笑了笑，向她那边坐了坐，说："告诉我你的第一节课如何。"我总是尝试向为我工作的教师们表明，我在那里是在帮助他们，而不是来评判他们。当然，我有时也必须提出一些批评意见，但是如果教师们把校长看作一个可怕的"教学警察"，那么他们就会遵循本能地隐瞒或否认自己的问题。在波士顿艺术学院，我们必须将这些问题揭露出来，这一点非常重要。

"我遇到了一些难题，"米勒女士继续说，语气变得更加肯定了一些，"您知道我认为学生应该按小组来做项目，我认为这是学习数学的重要方式，但是这个班很抗拒这种方法。我的第二节课情况完全相反，他们进班就组成小组，开始做任务，但是第一节课……我不知道怎么办。他们没有热情，也许是因为这是早晨的第一节课……去年我跟洛纳根先生一起教过其中的一些孩子，但这似乎无济于事。"

"你能举个例子吗？"我问。

"当然，"米勒女士说，"有一天我刚刚在黑板上写了'现在做'，劳拉，就是您认识的那个11年级学舞蹈的学生，就开始说道，'给我们发一下活页练习题，米勒女士。我不想和伊恩、米凯拉合作。'"我和米勒女士都为她准确的模仿笑了起来。我认识劳拉，可以想象她每天都用这样的态度对待米勒女士。

米勒女士说："作为回应，我坚持说，'现在关键是要共同解决这些问题，你们还要以小组的形式给班级其他同学描述你们的任务。我对你们如何共同解决问题更感兴趣，而不仅仅是让你们得到答案'。但是班级里没人说话，除此之外就是抵抗。下周，该轮到我在数学小组会议上提出教学难题了，我有太多难题了！"

"那太好了。到时我与您一起参加讨论，我敢肯定会有一些好主意的。"

当米勒女士将她对第一节课的失望带到数学小组会议上时，洛纳根先生、贝兹女士、盖罗先生和团队中的实习教师都在认真听她说，准备好帮助她集思广益，想想解决办法，共同讨论她在教学上遇到的难题。有人建议她在上第一节课时必须严格要求学生。以前曾教过其中一些学生的洛纳根先生说："其中一些孩子已经习惯了勉强应付差事——特别是劳拉。我两年前教过她，她是一个很聪明、成绩也很好的学生，她从不愿意放慢脚步向任何人解释任何事情，但是她确实想获得好成绩。您必须提醒她，这是她成绩的一部分。"贝兹女士建议她观察一些孩子在艺术课中的表现。"他们主要是学舞蹈的，对吧？"

米勒女士觉得听陈女士的舞蹈课这一想法很棒，我也认为这是一个好主意。"您是对的，我的许多学生都上陈女士的现代舞课，陈女士和我是专业发展合作伙伴，无论如何，我需要听她的课。这会是一个很有意义的举措！我想看看劳拉在那里的表现。"

在随后的一次会议上，米勒女士表达了她的敬畏之情，因为她看到了数学课上注意力分散的学生在现代舞课上的出色表现。"劳拉是课堂上的佼佼者，她就在第一排的中间。她头脑非常清醒，而且想到舞蹈组合的速度比任何人都快，就像她可以很快地解出数学方程式一样。"米勒女士打了个响指来强调，然后继续说。

"陈女士向我解释说，有时她会将劳拉与技能娴熟的学生放在一个小组中，有时劳拉所在的小组水平会更加多样化。另一个有趣的事情是，伊恩和米凯拉也在这个班级。但是，劳拉并不厌烦她们，尽管她们在技能上并不那么出色。她们在跳劳拉编的舞，她似乎很欣赏她们的表现力和愿意不断尝试的精神。整体感觉与数学课不同。"米勒女士积极地汇报了她所看到的。

米勒女士分享了她看到舞蹈课上学生是如何从热身开始，先在教室中央进行一些原地常规练习。然后，他们进行了横跨舞蹈教室的移动旋转练习。课程的最后一部分是更多的小组任务。她想着是否应该让她的数学课在流程上更加固定。她若有所思地说："把数学课像舞蹈课那样进行设置，而不是一开始就做小组任务。"

她继续考虑如何实施类似的安排，让学生分别独立地开始学习，然后介绍一个新概念，最后做小组任务。"也许我不会有那么多的时间在课上做小组任务，但是我想我的学生会更加积极地投入课堂。陈女士下周要来听我的课。我敢肯定，在那之后我们还会有其他想法。"她的语气中真的充满了希望，这一点在上周的会议中并未体现。

"我们还讨论了通过运动思考函数图形描绘的方法。我还很想看看如何将我们正在学习的代数与陈女士正在进行的编舞项目联系在一起。这让我开始思考，编舞的过程就像在学习数学一样。"

波士顿艺术学院努力在教师之间建立信任度，这是米勒女士在处理学生问题时取得最终成功的原因。米勒女士知道，她可以承认自己需要帮助，而不必担心她的上级或同行的负面反响。大多数团队会议都是有组织的、精心安排的，以便教师可以解决教学难题。在学科内部和学科之间，教师彼此提供有用的信息并且互相支持。教师问的问题诸如"我怎么才能帮助我的学生把数学学得更好，艺术或其他学科是否可以给我一定启发"。我们将在学校里花时间一起讨论和批判性思考教学和学生的成功作为优先事项。每周一次，学生们早上晚些来上课，这样教师们可以召开小组会议；还有一天，学生们早点放学，这样全体教师可以一起开会。米勒女士与她的专业发展合作伙伴陈女士一起担任导师和教练，而不是一个纯粹的评估者。米勒女士听了几次陈女士的课之后，陈女士听了她的课。陈女士建议："我会安排劳拉坐在前面。让她觉得自己像是班级的'领袖'。"洛纳根先生也听了米勒女士的课，并提出了一些有关上课节奏的建议。

在波士顿艺术学院，教师可以接触到学校至少两种或三种不同的学科视角，这是有意而为之的。例如，米勒女士是舞蹈指导兼数学教师以及10年级写作研讨班的教师。在召开数学小组会议几周之后，米勒女士有机会亲自参与到舞蹈课中，这项活动真正改变了她的学生对她以及她对他们的看法，她跟我说了发生的事情。"我不敢相信劳拉充满活力和创造力，还有我的其他学生。您知道吉娜第二天在课堂上对我说什么吗？'嘿，米勒女士，您这么愿意在我们班上学习，我们也得在您的班上变得更好。'那些话真好听！"米勒女士笑容灿烂地说道。

我的故事：在打造专业学习共同体的过程中学习

从20世纪80年代中期开始，我就很幸运地能够参与芬威高中的专业学习共同体的建设，并将相关经验后来带到波士顿艺术学院。拉里·迈亚特向我们介绍了这一概念，并制订了时间表，这样我们可以定期以团队的方式见面。他强调了要始终以尊重他人的态度倾听学生和其他教师，这十分重要。在芬威高中，我们开发了核心基础课程，即社会问题课程，所有的教师都教授这门课，无论他们的学科领域是什么。我们很早就达成共识，我们将以差不多的速度教相同的单元，并且会组织许多有趣的大型和小型小组活动。我们都同意定期将我们的200名学生聚集在餐厅里一起阅读，并邀请演讲嘉宾。

社会问题是我们共同的关切。我们计划并讨论了课程的内容以及如何处理这些有争议的问题——换句话说，我们必须共同讨论我们的教学，因为我们共享同一个单元测试，所以我们还必须一起评估学生——这意味着我们实质上是在互评。如果一位教师的学生表现良好，我们会问：那位教师做了什么使学生在学习上取得成功？相反，我们会对其他教师做得不是那么好而表示担忧。当然，这是迄今为止最困难的技能。教师们对自己的工作非常敏感，对"冒犯别人"也很紧张。我们必须学会对彼此诚实，放下防备。我们必须弄明白如何互相支持，这样我们所有的学生都能以大致相同的水平学习这门课。随着时间的流逝，教授社会问题课程成为我们打造专业学习共同体的基础，也成为我们谈论学校中一系列问题的开始。

我们所有教师都会在同一时间（第一堂课）教授这门课，所有的学生都会上。50%的课程重点关注波士顿的校车接送、萨尔瓦多战争和核扩散等问题。其余50%由学生设计，关注与音乐或友谊等有关的青少年发展问题。因为这些主题很吸引我们的学生，我们就在第一节课上这门课，这样可以"吸引"学生准时到达学校（我们有严重的迟到问题）。我们的策略很管用，出席人数增加了。学生们不想错过讨论，尤其是那些直接涉及"他们"的问题讨论。

一个专业学习共同体需要培养和领导。在芬威高中，我负责社会问题课程的开发。这意味着我要为团队的其他成员准备材料，这样我们在每周会议上可以进行评估和调整。我也自愿录了一堂课。（虽然教师通常习惯站在学生面前，但录课对教师而言是一种令人痛苦的经历。我们很多人当实习教师时都被录课了，并且希望永远也不要再录课！）我会比其他教师先上这堂课，这样他们就可以在自己教之前先评估我的课。起初当"小白鼠"时我会感到紧张，但是如果我愿意做这件事，那其他人这样录课时会更放松。最终，其他教师主动提出了录课申请。

在10个上社会问题课的班级中，大多数学生在单元评估中的表现相似。但是有一个班，学生总是表现不佳。因为教师们通过共同教授社会问题课而建立起一种亲密关系，在这个过程中共享信息和互相观察，我们弄清了原因。

我们注意到，这名被分配到学校工作的教师唐纳利先生已经快要退休了，他在赛马季节经常缺课。他拥有一个赛马跑道和很多马匹，结果就是他有两份工作。虽然他总是以医生开的假条为借口不来上课，但不用说，这一定扰乱了学生和学校进度。他的社会问题课经常没有教师讲课，学生们因为对这些话题投入了很多，所以很生气。我们试图用代课教师，但这不是一个可靠的解决方案。有时我会把他的班级和我的班级合并，但是很难在教室里让50名学生保持对话。我们努力与唐纳利先生协商提高他的出勤率。我们希望他了解到他的行为是如何影响了我们的专业学习共同体、学生刚起步的共同体意识和他们的成绩。他的学生对单元末考试的准备最少，并且课程参与度最低，因为他们的课堂讨论是如此不稳定。

我和几个教师谈了一个有点激进的想法。如果我们让他的实习生接管他的课程，然后让学校给实习教师发补助怎么样？（我获得了一笔小额拨款来支持社会问题课程的开发，我询问拨款人我们是否可以通过这种方式拨发这笔钱。）虽然这意味着教师不会得到补助用于继续我们的课后计划工作，但当我把这个想法跟整个团队说时，所有教师都愿意无偿工作，以确保所有学生都有稳定的教师。对于我们来说，任用一个没有准备的代课教师，或者将两个班级合并在一起，比放弃额外补助更加困难。

当然，在其他情况下，教师可能永远不会同意这种干预。但是在我们学校历史上特定时间和地点的背景下，这似乎是最好的决定。我很高兴我们大家都承认这对我们其他人和学生造成了巨大的压力。与缺勤教师谈话是我的工作，对此我感到有些担心。他会感到被冒犯吗？尴尬吗？令我惊讶的是，他似乎对该决定并没有特别的困扰。从他的角度来看，他这么多课不来上并不是他的问题。他说，他没办法。而且，他有医生开的假条来证明这一点。

在芬威高中，我很高兴有同事们与我一起做决定，我们不允许这种看起来无法控制的外部因素破坏我们的组织或学生的成绩。专业学习共同体的结构既揭示了可能在另一所学校中未发现的问题，同时也提供了解决之道。

许多校长都遇到过类似情况。问题始终是：你能做什么？有时你无法做你认为最适合学生甚至其他教师的事情；有时你只需要等待这种情况结束就可以了；有时你不能破坏良好的现状。尽管有很多原因导致我们的干预措施可能在另一所学校不起作用，但也很少会有害或让某些事情超出控制范围。通常，担任领导职务的人感到我们必须自己弄清一切。有时我无法与其他人分享人事问题，但我很高兴我能与同事讨论缺席教师的问题。否则，我不确定我们是否会集体做出有助于学生的决定。

在波士顿艺术学院打造一个专业学习共同体

当我有机会开办波士顿艺术学院时，我希望每个人都像在芬威高中一样教一门核心课程。在波士顿艺术学院正式向学生开放之前的春季，我举行了一系列会议，参与者包括艺术家、学者、社区成员、家长、大学生。我在每次会议上都问了同样的问题：波士顿艺术学院的毕业生应该知道并能够做什么？我认为通过提出这样一个具有创见性的问题，我不仅会得到社区的支持，为学校赢得好感，当然，我也会听到好的意见。虽然总是会出现一系列答案，但总会有一个一致的答案。"波士顿艺术学院的毕业生必须知道如何写经费申请，艺术家的生存需要经费。"这就是我们开始在全校范围内关注写作的动力。教授写作将成为我们自己的专业学习共同体的基础。

我们决定所有教师都要教写作研讨课并进行联合教学，并且所有学生都在一天的同一时间上这门课，这将是我们的核心课程。联合教学会自然形成专业发展合作伙伴。教师们会互相听对方上的写作研讨课，然后会听彼此讲的专业课。写作研讨课成为发展和实践全校教学与评估方法的地方。

我们的课程协调员安妮·克拉克帮助我们创建了年级写作研讨班，这成为专业发展的中心所在。当我雇用安妮时，我们达成共识：她将成为我们的第一任带头教师。我知道在教师团队中拥有许多带头教师是非常重要的，而我的工作一直是确保能为教师提供足够的成长机会，使其成为带头教师。在定义安妮的角色时，我建议她在努力指导其他教师时自己也应该教一门课。我知道她的角色对于我们新兴的专业学习共同体尤其重要，并且教师们首先需要将她视为教师。她曾经是，现在也是一位出色的教师。她是我们长期的读写专家，她了解当前所有有关如何提高学生读写技能的教育文献。她的工作是与教师一起计划课程并为教师安排课程；听教师们的课，然后给出重要反馈；教授教师们没有把握的某门课或技能。她总是能做到敞开心扉，也希望让其他教师评价她。

克拉克女士还帮助我们努力解决了教师的相关责任问题。她召集并主持了有关写作研讨课的讨论，因此我们可以在全校范围内创建评判良好写作的标准（或标准清单），并将该标准与我们的毕业生规范和RICO原则联系起来。克拉克女士提供了优秀的学生写作案例，这样我们可以就精通写作的标准达成一致。通过教师独自为学生的写作评分，联合教学教师共同为学生的写作评分以及最后通过年级团队为学生的写作评分，我们建立了教师的共同责任制。

对我们来说，教师的共同责任制意味着我们在评估学生时要对彼此负责。我们会质疑为什么一个教师可以给学生一个很高的写作成绩，而另一个教师却不能。如果联合教学的教师对同一个学生写作的看法存在较大差异，那对学生是不公平的。我们花了很多时间来共同对学生的文章进行评分，然后讨论为什么我们要给某个分数。长此以往，我们就达成了共识。我和托雷斯女士早年一起教写作研讨课，我们和其他教师们共同努力，就像他们一样依靠克拉克女士的专家协助。我们能够承认挫折和失败，这一点很重要。

我一直很期待这些教职工会议（顺便说一句，这个说法可能有点偏激，但大多数教师和校长对教职工会议的期待，就像他们期待牙齿根管治疗一样），因为我想看到我们如何达成共识。有时候，一开始我们需要克拉克女士的帮助。她可能永远是"外部专家"，因此尊重她的判断是很自然的。现在，我很高兴地说，这些团队非常独立。

下面为这种协作工作是如何起作用的另一个示例：我和莫尔加恩一起讲授9年级的写作研讨课。我们阅读了一个学生写的自传——之前的一个作业，然后讨论了评分过程和分数。她给了学生2.5分（满分为4.0分）；我给了她3.0分，因为我觉得她善于使用描述性的语言。经过简短的讨论，我承认我可能太慷慨了。然后，我们见了利吉娅和保罗，他们也读了同一位学生的作业，他们都给了学生4.0分。我们很惊讶我们给的分数相差如此之远。我们听了他们的依据，他们也觉得她善于使用描述性的语言，同时她观点很鲜明并且段落很完善，但我们在给分上没有达成共识。我们4个人来回走动，最终打电话给克拉克女士，让她帮忙解决我们的争议。她认为这篇文章不应该得4.0分，而是更接近2.8分甚至3.0分，并解释了原因。经过长时间的讨论后，我们达成了3.0分的共识。现在，对于习惯了传统评分方式的人来说，这似乎是在浪费时间。如果是我独自评分的话，那么经过15分钟或20分钟的考虑后，我会给这篇文章打3.0分。但是，4个人花了一个多小时才得出相同的结论！

我们4个人有着不同的看法。我们都从这次讨论中学到了很多东西。我们之间的分歧是有益的，并促使我们更具体地寻找关于描述性语言的真凭实据，我们还详细讨论了一个很完善的段落是什么样子的。第二个月，当我们用不同的文章进行相同的评估活动时，我们4个人几乎给出了完全相同的得分，尽管我们的写作经验各异。莫尔加恩作为历史教师，在写作方面经验最多。世界语言教师利吉娅在西班牙语上更为精通，而音乐教师保罗从未像这样真正地布置过书面作业或对其进行评分。

我认为最初的前提仍然是成立的，对于教师来说，为每个人都教授的课程制定共同的期望和实践方案，这是有指导性意义的，因为这门课不是任何人的专业领域。我们中很少有人是写作专家。对学生在写作上取得成功重要的是，我们所有人共同分享了什么是好的文章以及如何教授必要的技能。对我而言（我认为我代表许多教师），与他人一起打分的想法最初是令人生畏的。当我第一次与莫尔加恩一起打分时，我很紧张。如果她认为我不够严格怎么办？或者太严格了呢？如果我对她也有同样的看法怎么办？为了信任我的同事，我必须克服恐惧——没有人会贬低别人，但是我们会共同努力，理解为什么一个教师给了某个分数，然后如果我们认为我们的分数是正确的，我们会据理力争。我们都同意这个过程并达成共识。这样，我们所有人无论是作为教师还是同事，都有所成长。

由于在写作研讨课方面的紧密合作，我们学会了将这些技能带到其他学科内容领域。保罗、利吉娅和莫尔加恩都开始在其相关学科内容领域内开发本学科范围的评分标准，大家都一起练习评分。

既然我们有了一个构建专业学习共同体的结构，我们就可以探索该集体可以做什么。我们发现这个集体可以让我们做以下事情：除了建立教师的共同责任制，我们还可以明确学生的弱点，以及我们自己教学中的不足；我们学会了互相评课；我们找到了在课堂之外认识学生的方法。

一场冒险

钟女士坐在托雷斯女士的办公室里，疲惫不堪，精疲力竭。"我只是觉得自己无论做什么都是错的。我无法获得阿什莉的认同，我也不知道我是否能获得珍妮特的认同。"她垂头丧气，耸了耸肩，25岁的她看起来承受了太多的痛苦。钟女士的绝望与许多年轻的理想主义教师的经历相似，他们试图教好课，但失败了。在这个例子中，不同之处在于她的领导托雷斯女士是如何处理的。

阿什莉和珍妮特这两个女孩都被停学了，因为在钟女士的科学课上进行手机实验以及实验什么材料可能阻止手机发出信号后，放学时她们发生了斗殴事件。当天早些时候，钟女士参加了珍妮特的停学听证会。"我从来没有想到这项活动会带来如此多的麻烦。当杰夫（负责安全的老师）来找我并解释说，因为这两个女孩课后打架，所以他让她们分开待在两间学生支持团队办公室时，我对此感到震惊。"

杰夫告诉钟女士，波士顿艺术学院不允许学生在学校使用手机，但这堂课提供了一个查看每个人的通话记录上有谁的电话号码的机会，而且可以肯定的是，两个人的通话记录上都有安吉尔，但这仍然导致了怀疑，两个人的自说自话就演变成了打架。钟女士在课堂上听到过阿什莉向珍妮特解释了为什么她有安吉尔的电话号码，但她对此并没有多想。她当时正在为每个人都参与使用锡箔的实验而感到兴奋。

"我没有意识到这会在之后引起这样的争议并爆发争吵。我感觉很不好，这真的是我的错。"她沮丧地叹了口气。

"也许我只是不知道如何与这些学生相处。我的成长过程中没有阿什莉或珍妮特那样的压力。"她解释说，如果她想过要在学校或其他任何地方打另一个孩子，她可能会被赶出家门。"学习乐器、尊重老师、在学校做得好、上大学——这是典型的亚洲家庭的价值观。也许我只是不了解珍妮特和阿什莉。有时我想知道我是不是她们需要的老师。她们可能有很美的嗓音，但是她们在大学里会怎样？她们甚至没有上交任何实验报告。我的课她们都通不过！"

托雷斯女士听了钟女士的述说，安慰她说，"艾米丽，你是我们的学生需要的那种老师，你是一位优秀的老师，非常有创造力，你是知道你自己的课程内容的。现在，考虑到我们说孩子们在学校里不能使用手机，也许我不会用手机来做实验，但你不可能知道她们会打架。当然，也许你应该更多地去适应这个班级的文化和了解到关系正变得紧张，但是你已经尽力了。这是我们所有人对自己所能提出的最高要求。"然后，她概述了解决违反"具有社会责任感的共同体"的行动计划：第一，女孩们停学回来上课后进行调解；第二，签行为契约；第三，写道歉信。"打断别人的学习是不可以的。她们俩都在学生支持团队的名单中，她们是我们需要看管的孩子。我们知道，她们俩各自还有很多其他的问题。我甚至没有请到阿什莉的家长来参加她的听证会。"

钟女士很失望，"我就是感到很尴尬，因为我无法管好自己的班级。"

托雷斯女士坚定地回答道，"你可以的，这种情况很困难，你仍在学习课堂管理。我会在星期五把珍妮特带回课堂，确保一切进展顺利。学生支持团队成员也将在这周每天过来看看，这不是你一个人要解决的问题。这就是为什么我在这里，还有学生支持团队，甚至还有珍妮特的顾问蒙特斯女士，这是我们大家要共同努力的事情。"

令人不安的是，在许多学校中，像钟女士这样的教师在向他们的领导寻求帮助时永远都会感到不舒服，但是钟女士和托雷斯女士曾一起共同执教写作研讨课，而钟女士也见过托雷斯女士努力争取得到一名学生的认同。无论许多学校教师缺乏支持的原因是什么，通常，在短暂的停学后，像阿什莉和珍妮特这样的学生最后会回到教室，学校在解决导致学生停学的双方分歧方面进展甚微。

当我是一名新手教师并且遇到这样的纪律问题时，我最不想去找的人就是我的校长。我会担心被判断为"做得不好"。在我们为数不多的课后会议或专业发展日，校长和助理会厉声宣布如何在教室中保持恰当的行为以及强调纪律的重要性，为了做到这一点，要不惜付出任何代价。如果有任何专业学习共同体，也只是顺带的，只有几个教师聚集在一起互相支持。

托雷斯女士可能不赞同钟女士为学生安排的课程，但她肯定不会责怪钟女士尝试了一个新主意。她可能会质疑钟女士的判断，并希望她可以与自己或她的团队中的其他人就她的"创新课程"进行咨询。托雷斯女士致力于创造一种文化，在这种文化中教学实践被看作不断进行改进的努力。如果不鼓励教师（和学生）尝试第一次可能无法带来成效的新技术、作业、阅读材料或实验室实验，那么教师、学生或家长又怎么会永远相信自己对任何决定的结果有责任？

钟女士是一位新手教师，她意识到冒险和自己在实践中受挫是可以被接受的，在预期之内。像克拉克女士、阿里先生或陈女士这样的资深教师也愿意犯错并与同事们分享他们的挑战。波士顿艺术学院的优势在于，无论你是一位多么有经验的教师，每个人都在学习。那就是冒险的意义——将自己的学习推向另一个层次，并愿意尝试一些可能取得巨大成功的不同方法——也可能不成功。正如钟女士所说："能够冒险的部分原因是，知道你的同事和领导会'支持你'，你不会受冷落，独自一个人弄明白课程计划和课堂管理。"

在波士顿艺术学院的写作研讨课上，寻求帮助就开始了；然后，这种期望渗透到了我们其余的教学实践中。我们都不是写作专家，谁也不能独自完成写作研讨课的授课计划。我们不得不在一次又一次的会议中咨询其他人并分享我们的烦恼与遇到的挫折。

尽管如此，并不是每个教师都像钟女士一样愿意分享。波士顿艺术学院的音乐教师尼科尔斯先生认为专业学习共同体没有多大用处。他和克拉克女士共同执教写作研讨课，并与11年级团队一起工作。他们一起做计划并一起评分，但是克拉克女士一直感到自己的工作量越来越饱和。她让我读一些尼科尔斯先生给他的学生关于音乐会的评论所写的反馈，我很失望他给的反馈这么少。他能够让他的爵士乐团中的学生在一起演奏得很棒，但是他只布置了很少的任务，包括写作、赏析甚至作曲。他对表演充满热情。每当音乐会结束后，只要我称赞他，他的回答都会是："您看这需要很多练习才能做出这样的表演。我们不能把所有的时间都花在书面工作上！"

我和克拉克女士都试图解释说这不是一件非此即彼的事情。我们只是觉得他的学生会从更加严格的课程中受益。是的，表演很重要，但反思和学习评论别人的音乐会，掌握丰富的音乐词汇也很重要。虽然整个音乐系制定了清晰的评估标准，供所有学生在观看音乐会时使用，但尼科尔斯先生的学生却是敷衍了事。我开始认为，尼科尔斯先生的抵制与他对写作的恐惧有关。正如我们的学生喜欢说的那样，即使我们是一所"写作学校"，我们也无法让尼科尔斯先生参与进来。

正如我们在波士顿艺术学院努力创建的那样，一个囊括每个人的专业学习共同体对于资深教师和新教师、管理人员、学生甚至家长来说都是不可或缺的。但是，像尼科尔斯先生的这种情况，如果没有太大改变，你会怎么做？尼科尔斯先生是位可以终身任职的教师，除了他辞职，我实在无能为力。在克拉克女士的敦促下，我终于再次与他会面，并解释说我们已经在建立专业学习共同体方面努力了将近一年，现在我必须进入评估模式。我知道他在他的职业生涯中只得到过很好的评价，这对他来说是毁灭性的打击。"我知道您是一位出色的音乐教师。我知道您一直是一个很好的音乐教师。但是我在这里需要您做的比以往任何时候都多。我觉得波士顿艺术学院为您提供了各种支持，来帮助您成长和改变，但是我看不到您为此感到兴奋或愿意尝试任何新事物。"我很困难地解释他的同组教师或同事也都没有看到。

对于波士顿艺术学院来说，幸运的是，尼科尔斯先生于年底辞职了。现在，他是一家大型综合中学的音乐系主任，并且组办了一个在学校很受欢迎的合唱团。我经常听到有人说他的合唱团有多棒，我为他感到高兴。我很高兴他的才能可以在其他地方得以施展，而我们没有陷入持久战。通常，对于校长来说，做出选择并不容易。你是否会直接忽略一位还不够优秀的教师，等待他离开？你是否像我一样加大压力希望他能改变？但是，如果他不改变也不离开，那又怎么办呢？这些问题的答案就像每个教师一样复杂。

我的一位同行经常告诉我，如果她的学校只有一个或两个尼科尔斯先生，她会做我所做的事情：加大压力。但是她的学校有太多了。对于有些教师，她只需等待他们退休即可。她甚至没有足够的行政人员来应付学校里所有的尼科尔斯先生。她的首要任务是组建一支知道如何支持教师变得更好的管理团队。同时，我的同行因为学生纠纷而感到困扰。他们学校有太多的学生，无法认真周到地处理每一个事件；没有足够的学生支持或行政人员来提供有帮助的干预；对于需要不同教室环境的学生来说，没有太多选择。她也有像钟女士这样的年轻教师，但她只能零星地为他们提供支持。她知道，这就是为什么像她这样的好教师很快离职的部分原因。这些教育工作者往往没有时间、没有资金或资源来创建一个充满活力的专业学习共同体。

一个结论

每年我们都会完善整个学校的目标，这些是我们专业学习共同体的基础。不像典型的学区指令会随政治风向而改变，波士顿艺术学院的目标始终聚焦在我们努力跨越种族、性别和社会经济背景来提高学生成绩上。我们使用的描述目标的词汇可能会每年变化，但是自从我们开门招生以来，我们的目的一直是不变的——提高学生的学习成绩，并帮助他们获得优质的高等教育和职业生涯。我们整个专业学习共同体都致力于实现这些全校目标。教师使用这些目标来做个人的专业发展计划。在教师进行同伴观摩之前，他们会互相查看彼此的专业发展计划，并尝试将他们的观察结果与专业发展合作伙伴希望改进的领域联系起来，甚至学生和家长/看护人也会讨论这些目标。让他们也加入有关如何提高学生成绩的对话中，可以确保所有人都能感受到自己是学校专业学习共同体的一部分。

由于缺乏全体教师的支持，学校在追求提高学生成绩和发展专业学习共同体方面常常脱轨。我在其他学校的同行们谈论他们的失望之处在于，一小部分教师的阻拦会导致学校不能采用那些能够提高大多数学生成绩的决定或行动步骤。就在前一天，一位校长讲述了他的教师们如何差一点就投票通过了新课程表，这将为学生咨询板块提供时间并提供每周为这个板块做计划的时间。他一整年都在引导全体教职工讨论咨询项目的好处。教师们访问了其他有咨询项目的学校并读过相关报道；学生和家长对此都很热情。为了提高学生在学校的成绩，教师们真正地理解了个性化关注（咨询项目）对于每个学生的重要性。但是，有一小部分教师设法在整个教职工中制造了足够多的分歧和不适，这样一来削弱了大多数教职员工的信念，并使得提议的课表因一票之差而未能通过。几乎要获得多数票，然而输掉了关键的一票，这令人非常沮丧，但这是我们所有人都必须考虑的事情。我们如何坚定信念，下次让好的想法能投票通过？这是我们之前在芬威高中所面临的挑战，当时我们不得不与那位拥有马匹的教师打交道，这位教师的消极行为几乎使我们的所有工作陷于瘫痪。我们创造性地努力想出一种方法来尽可能消除他对学生的影响。回想起来，我认为我们花在发展专业学习共同体上的时间对我们的成功至关重要。

学校领导者可以考虑多种策略，以增加教师之间的信任。所有教师都讲授的全校范围的课程和经验，为建立专业学习共同体提供了一种方法。不一定非要是写作或社会问题课程。现在，许多学校分为小型学习共同体，其中许多围绕特定主题（例如媒体、技术或健康）进行组织。小型学习共同体的目的是通过打破学校的常规规模并统一关注点，教师将有更多机会分享共同的课程，聚在一起讨论类似的项目并调整他们的评估措施。流行的观念是，小是更好的选择，因为教学（和学习）对学生来说更加个性化。我认为，单靠小本身并不是万能的灵丹妙药，尽管可以肯定的是，在一天和一周中减少一位教师要负责的学生人数很重要。同样，仅在特定领域提供一系列课程，无论其是否与学生的经历相关，这也不能创建一个专业学习共同体。小型学习共同体如何才能走得更远，并开设一门核心课程，所有学生都参加以及全体教师教授并讨论该课程？以我的经验，这样可能会使学生成绩的提高更加明显。我目睹了芬威高中和波士顿艺术学院的核心课程的积极成果。我提出开设一门核心课程来作为可能的解决方案，但关键是每所学校都要找到自己的解决方案，以帮助教师有效地创建和维持一个专业学习共同体。

学校领导和教师们如何才能避免后勤工作重担，并不断提出专业学习共同体创建和生存所需面对的难题？学区面临着巨大的压力，要响应标准化考试的要求并通过"必要的手段"提高学生的成绩。许多学校为教师提供时间来查看学生在各种标准化考试中答错了哪些问题，但是问学生为什么犯了这些错误的时间永远不够。关于"为什么"的问题通常更复杂、更细微，提出不同的对策才能解决关于学生为什么会犯错的问题。我们常常屈服于时间压力，只处理关于"是什么"的这类问题。但是，如果我们致力于提高学生的学习成绩，那么促使自己不断提出更好、更复杂的问题对于学校的发展至关重要。

Part Three
第三部分

孩子，你们能应付世界的不公平

5

如何缩小学生之间的成绩差距

如何对成绩差距进行讨论？

威尔顿先生把自己瘦高的身躯挤进椅子里，"这次非常感谢你们俩，"他坐在我办公室的桌子旁说道，"在我以前的学校里，我们真的是要靠自己。我跟你们说说为什么我如此难过。"他在我和托雷斯女士面前，将成绩记录单分散在桌子上。"这里有我教的9年级物理课第一个学期的成绩。"他按种族和性别对成绩进行了分组。

所有得A的学生都是白人，甚至大部分得B的学生也都是白人。大部分得D或F的学生是非裔学生或拉丁裔男生。中间得C的学生很少，绝大多数学生要么成绩优异要么不及格。

威尔顿先生耸了耸肩，这种结果使他非常沮丧。

威尔顿先生继续说道，"我只是弄不清自己做错了什么。"他看上去很痛苦，"我一直将不同种族、性别和社会阶层的学生混在一起。我让他们一起做实验、一起动手完成任务。"

威尔顿先生描述了他的恐惧，即在期末考试中表现出色的人大多是白人学生。他认为从学期开始他就说得很清楚，期末考试占总成绩的40%。他放学后分发了活页练习题并开设了自愿学习课程。他不止一次地解释说，要在班上获得荣誉表彰，即使在课堂任务、作业、实验室和项目上取得了好成绩，你也必须在期末考试中获得B或更高的成绩。整个科学课程团队都在讨论这项评估细目，每个人都表示同意。

"但是现在看来，好像孩子们没有听到我在说什么。或者说至少，他们即使听到了也不知道该如何做。我如何接受这些结果？我们必须为此做些事情！"

我仔细听了威尔顿先生的话，我知道他是一位尽职尽责而且有创造力的教师。我看到过他是如何让他的学生上课积极参与的，我听过他一次又一次地说："学会学习。我们不要在这里浪费时间！"学生们竭力满足他设定的高标准，但是他向我们展示的成绩分布并不稀奇。这个分布也反映了波士顿艺术学院许多班级的成绩。我希望威尔顿先生知道他并不孤单，我们将利用专业学习共同体的力量来解决这个问题。

"您说对了，这种情况是不能接受的，我们都感到很愤怒。"托雷斯女士开始说，"更糟糕的是，我们不断看到这种结果。创建波士顿艺术学院的根本原因之一就是找到缩小这一成绩差距的不同方法。这就是我们要做的，但是我们知道这很难。"

在波士顿艺术学院，白人孩子比非裔或拉丁裔孩子更成功的事实早就在他们走进我们的大门之前就开始出现了。我们的数据表明，与来自贫困家庭的学生相比，来自波士顿中产阶级背景的波士顿艺术学院的学生往往是白人，并且上过更好的学校（通常是私立和教会学校），并且数学、阅读和学习技能更高。他们不一定更聪明，但是他们可能有更好的教师。他们从来没有被资历不够的代课教师教过，这些代课教师被分配给波士顿的许多中学。大多数波士顿学校的学生都上过学生人数很多的大班制课程，通常只有一名刚刚开始教课的教师，并且没有助教。这些学校的大班制、不合标准的设施和过时的教材，都导致了他们成绩低下。尽管如此，我们决心做更多的事情，而不是为这个问题埋怨，将其归咎于早期的学校或我们无法控制的其他因素。

在我们开始解决整个学校的问题之前，教师和管理人员需要更多的信息而不只是一个班所提供的。首先，我们中有一组人绘制了每个学生整个学习生涯的记录。当我查看数字和图表时，我不得不控制自己的沮丧感，就像威尔顿先生那样。数据显示的最大问题是什么？小组委员会的一位教师说："甚至我们的荣誉榜上也出现了很大的落差。"

我告诉教师们："我们需要一起讨论这些问题，并将讨论成果应用到实践中去。我知道进行这些对话确实很困难，但是我们需要直接专注于我们最挣扎的地方。"

成绩差距到底是多少？

与白人和亚裔学生相比，非裔和拉丁裔学生的考试成绩较差，这通常表明了学生之间的成绩差距。鼓励"缩小成绩差距"是当前城市学校改革中的主要口号，我们在公开讨论中经常提起这个口号，有时是有一定效用的，有时我认为是不切实际的。我们做出一些适得其反的行动，这些行动并没有真正地解决问题，反而不利于学生，甚至使问题变得更加严重，就在这种时候，我们会拿"缩小成绩差距"的口号来掩饰我们的错误行为。

出于对成绩差距和《不让一个孩子落后》（NCLB）法案的回应，教育工作者被要求分析大量数据——不停地进行标准化测试后，把结果"分类"以显示所有细分群体（按种族、社会经济阶层、性别和语言背景划分）的成绩。在波士顿艺术学院，我们淹没在这海量的数据中，数十个三环活页夹将一页又一页的数字和图表整理在一起。

在大多数城市或郊区的学校中，贫困和中产阶级学生之间成绩的差距仍然巨大，同样的差距也存在于白人和亚裔学生之间以及白人与非裔、拉丁裔学生之间。接受特殊教育的非裔年轻人的人数仍然太多，拉丁裔男生的表现要比大多数其他细分群体差，穷人和富人之间的学业差距继续扩大。

当我阅读当前的NCLB法案时，我意识到尽管我们进行了大量研究，但几乎没有花精力去真正谈论我们学生的种族、文化、性别、语言和社会阶层。当然，这些类别会给孩子们贴上标签并进行细分，但是同时也忽视了种族和文化差异是如何影响学生学习——而不是测试成绩——的问题。当"科学有效"的测试被吹捧为灵丹妙药时，我们好像既没有时间进行这种讨论，也不重视这种讨论。当教师和管理人员忙于安排各种测试与课程，那他们讨论自己的实际课堂经历，然后制订行动计划以提高学生的学习成绩的机会在哪里？什么时候他们才有时间讨论造成成绩差距的各种复杂原因以及整个社会的不平等现象？为什么在我们的学校中很多时候这种讨论被视为禁忌？

"但是讨论并不能缩小我们学校面临的成绩差距！"我的一位同行说，他的学校3年没有取得适当的年度进展。"讨论怎么能提高我们学校的考试成绩，并使我们的学校摆脱州接管的威胁？我们正在为州考试中'未通过'或'需要改进'类别的所有学生准备考试。我们将每天专注于技能发展！"我听到他的声音中有做些事的决心，对此我表示敬佩和尊重。不过，我想知道他是否已经仔细考虑过自己所做的是否有效。

听了同行们的计划，我叹了口气，因为我已经多次听到过类似的想法。"进行更多的测试"似乎是最常见的回答。虽然短期内学生的考试成绩可能会提高，但学生可能仅仅是为了应付考试暂时地记住了一些知识点，他们并没有在不断的测试中掌握解决复杂问题的技能。显然，"仅仅讨论"不足以缩小长期的成绩差距，但是如果教育工作者不开始艰难的对话，我们将继续实施以往的教学策略，不会进一步采取措施来真正地解决这一问题，所以我希望我的同行尝试其他方式。我想让校长和其他管理人员扪心自问，如果我们为教师提供更多的机会来讨论他们在课堂中发生的事情以及他们与学生及家长之间的关系，会怎样？尝试一下会怎么样呢？

所以我们实际做了什么？

在波士顿艺术学院，我们为教师提供了交流机会，作为校长，我会确保教师交流的时间段不被课程安排占用。一直以来，我们认为与学生们在一起要比教师之间互相交谈更重要。但现在，我们为教师安排时间来检查他们自己的教学理念、实践方案以及是否在不经意间造成了成绩差距。我们相信，只有对学生的成绩和我们自己的教学实践进行认真且周到的反思，才能缩小因各种因素所导致的学生之间的差距。教师只有进行这种关于种族和阶层的自觉而困难的讨论，才能做出正确的决定，提高我们的学校和学生取得好成绩的能力。

因此，我和托雷斯女士都非常认真地思考了威尔顿先生对他的学生及成绩分布情况的担忧。为了确保我们的数据不仅仅来自一位教师，托雷斯女士将过去两个学期内出现在荣誉榜上的所有学生的相关信息通过图表汇总在一起。我们注意到令人失望的相似之处。例如，没有一个非裔男生出现在校最高荣誉榜上。当我和托雷斯女士坐下来查看图表时，我期望看到自己想看到的内容，但是荣誉榜单上的显著差距直接宣告了我的失败。当我创办波士顿艺术学院时，我充满信心地认为我们会看到不同的趋势。我相信，我们的所有努力将最终证明艺术可以真正缩小成绩差距。我确信我们有正确的方法，可以改变这一现象。虽然我们肯定还没有达到目标，但我仍然认为我们可以做到。我担心的是我们会一直维持现状，这是我的同行说他将为所有人安排考试时我的唯一感受。通过测试，学生可能会在一个测验周期内成绩有所提高，但是他们真正掌握了所解问题背后的逻辑吗？他们有时候只是记住了这些问题的答案。我不认为通过大量的测试，我们的学生能学到在大学里取得成功所必需的技能。

当托雷斯女士将荣誉榜上的数据带给校领导团队时，她对校领导团队说："我已经按照种族、性别、社会经济背景等因素对荣誉榜上的学生信息进行了划分。你们可以看到差距，我们的中产阶级和白人学生在数量上远远超过其他种族的学生。这里最显著的问题是，我们该怎么办？尤其是，我们可以采取什么措施来提高这些非裔和拉丁裔学生的成绩？"

首先，从成人的角度讨论这个问题

我们从来没有想过这个过程会很容易，但我们也完全没有料到这件事会如此耗时以及引发如此大的争议。在接下来的几页篇幅中，我会展示一些对话示例，这些对话表明，虽然讨论的过程中诞生了截然不同的观点，出现了一些尴尬的情况，但最终的讨论结果还是具有教育意义和启发性的。

在早期的讨论中，具有多米尼加血统的人文学科教师罗哈斯先生说，他认为根据他所说的"主流意识形态"——特别是父权思想和种族主义——来理解成绩数据很重要。"如果不对这些社会力量有更深入的了解，我们只会提供不成体系的解决方案。"

巴布森先生是我们新来的数学教师，他反驳说，由于他接受的是数学而不是社会学方面的培训，因此他没有能力就主流意识形态展开对话。他毫不客气地说："数学与文化以及价值观无关，数学是有关于数字的学科，带给人们使用这些数字所获得的力量。我成为数学教师的原因之一是因为我相信数字是不会去区分肤色的。"

威尔顿先生说："作为一名教师和一个生活在所谓的少数族裔社区中的非裔美国人，我会把我在科学领域的工作与种族、文化、阶层、语言等联系起来。我一直都知道，学生的成绩与这些差异有关。"他向罗哈斯先生点头。

威尔顿先生继续说，他的眉毛上扬，好像在挑战大家来反驳他，"因此，我有意识地将自己的课堂打造成一个反对在学生乃至整个社会中普遍存在的成见的空间。例如，我鼓励我的学生提出诸如'为什么女性……'之类的问题，我希望他们在学习我所教知识点的同时，利用上课时间思考性别、种族、文化和语言在我们所做的每一件事中如何发挥作用。"

"我认为我让学生们进行的思考取得了一定的成效，但还远远不够。当我看到谁在班上表现出色，谁表现不佳时，我知道我们所做的还没有起到足够大的作用。"

霍约斯先生充满激情地表示，他无法将专注点放在任何目前存在的主流意识形态上，"我刚来到这个国家时是一个从秘鲁来的贫穷移民，如果我让政治或经济因素束缚我或者让其决定我可以走多远，那么我可能今天不会在这里。我认为，唯一真正重要的是了解我们学生的生活和他们的文化，然后提高帮助他们掌握更多技能的教学策略。关注这些我们无法改变的社会环境不会使我们有任何收获。"他直接看着罗哈斯先生和威尔顿先生严厉地说："实际上，我认为谈论这些主流意识形态无济于事，只会分散我们的精力。我们需要专注于摆在我们面前的事情——如何成为更好的教师并从这一点出发进行对话。"

"讨论有什么结论了吗？"后来我问托雷斯女士，"我担心我们教师中所有相反的观点。我们如何才能使所有人的观点统一起来？"

"我相信我们开展的讨论活动是正确的，我也知道使大家的意见达成一致并不容易。"托雷斯女士提醒我，"你应该已经看到这些学生成绩的数据统计情况。我感到很沮丧，但是我突然又想到了弗兰基和路易斯，我还记得他们4年前的学习情况，可他们9月都要去上社区大学。我之前认为他们可能都读不完高中。还有尼尔达，还记得我们几乎要放弃她吗？她现在正在申请法学院。我们必须一直记得我们走了多远。"

"我知道你是对的，你总是知道如何去面对这些数字。但是我非常担心这些关于数据的对话所带来的分歧。我知道我们要长期坚持下去，并不是一件简单的事情。"

"听着，"托雷斯女士开始说，"这些数据同样融入了我们的情感、努力和经历。因此，我们致力于谈论种族、性别、语言和文化问题，这些都是互相关联的。"

我们互相保证了无论遇到什么问题，我们要坚信，讨论最终将帮助我们到达我们需要去的地方。

随着时间的流逝，校领导团队的教师们继续提出问题和疑虑。罗德里格斯先生曾是为数不多的从波士顿公立学校毕业之后上大学的波多黎各学生之一，他担心，我们自己的经历和生活背景存在如此大的差异，我们将永远无法提出一个统一的方法来缩小摆在我们面前的成绩差距。他坚持认为："关键问题是我们的价值观并不相同。我们不能为我们的学生找借口。我们必须就这一点达成一致，我们不会允许任何事情——种族、语言、贫穷，等等——妨碍我们的学生取得好成绩。我们不能为他们找借口，我们必须告诉他们，他们可以并且将会做到。"

"只有在我们就某些观点达成共识的情况下，学生才能达到我们的要求。我所说的要求包括学生上学不带手机、帽子、随身听……这些都是学生需要做到的事。我绝对相信，遵守学校规则与在学校表现良好之间存在联系。我们都认为这些数据难以让人接受，因此，我们必须将大家在讨论中达成的一致观念付诸实践，这将缩小成绩差距！"

"我不是在找借口，"我们的外联协调员，另一位波多黎各教师博尼拉女士开始发表看法，"您也知道我们的学生以前从未在这样的学校环境中学习过。他们来自非常传统的学校。从来没有一所学校可以通过艺术来教授一部分阅读、写作和数学，并且要求学生做很多不同的事情。记住，我们的学生习惯于完成各种活页练习题和练习册。"

博尼拉女士继续说道："我们必须关注学生的家庭成员和邻里情况。大多数学生的家长甚至都没有读完高中，当然他们也从来没有上过这样的学校！"

"我不希望我们只是说说而已，"美术教师罗曼女士说，"我赞同博尼拉女士所说的，而且，我认为除非我们真正地站在学生的角度考虑，否则我们无法采取行动。作为非裔教育工作者，这也是历史和自身的经历教给我的。我们确实需要从各个方面了解我们的学生，包括文化背景、种族、出生地等。我们知道他们的邻居吗？放学后他们在哪里闲逛？有时候，我觉得我们太理想化了，完全脱离实际情况。我们必须'坐下来'，并且真正了解如何改变自己，然后才能帮助学生改变。"

梅伦德斯女士反驳说："我不是来这里与所有人分享我对种族或文化的个人感受。我认为重点必须放在学生身上，而不是像您说的，教师们'坐下来'，然后商讨如何做出改变，我们必须与每个学生在一起，那就是我们在这里的原因。我们在这儿谈论自己对种族或阶层的看法，仿佛已经看清问题的本质并自我感觉良好，但是我们的学生不会有同样的感受。作为教师，我们可以通过智力上的专业知识储备以及创造性的努力，给学生带来动力、兴奋和愉悦。我需要做的是将私人看法留在家中，在学校履行教师的职责。"

克雷顿先生打断道："我认为我们对孩子们不够严格。种族或缺钱都不应该成为成绩不好的借口。我的父母曾在南方当过佃农，我也像我们的许多学生一样，在经历过重重考验后逐渐成长，相比我成长过程中所拥有的，这所学校为学生提供了更多的东西，当时，我能有鞋子去上学就已经觉得很幸运了。我告诉我的学生们，'我不能和你们一起回家，为你们做作业，我已经完成了我的学业。现在我在这里是为了帮助你们获得学位，所以懒惰和拖延是不允许出现在我的班级的。'我认为许多教师太溺爱我们的学生，这不是一个完美的世界，我们必须让他们准备好面对这样的世界。学生的成功取决于他们对学习内容的掌握程度，而不是如何看待自己的种族、民族或语言背景。"

在历经几个月的讨论中，桑普森女士几乎没有发言。最后，她分享了自己的观点，"你们也知道，问题比我们想象的要复杂得多。我们并没有以贫困为借口，但我确实认为我们必须了解贫困对学生的有害影响。是的，我们提供了很多机会，当然比大多数城市学校还多，但是我们总是可以做更多。虽然来自中产阶级的学生拥有更多的有利资源，但是我们可以采取一些措施提供更公平的教育机会。"

"在我的生活中，身边有很多人都在引导我接受教育。我记得我的高中有大学展览会——就像我们一样，我的父母还带我去参观了大学，即使我们是非裔美国人！后来我们在家中讨论过历史悠久的非裔学院相对于其他学院的优势，讨论了如何申请助学金。在我们家，我从来没有考虑过不上大学，我家里人也期望我能上大学。有多少学生是在这种期望中长大的？我们所说的听起来就好像我们的学生比其他学生更不知道感恩、更没有动力学习或更讨厌做作业。我想，大多数学生都是带着这样的期望长大的，只不过中产阶级圈子里有很多保护措施可以防止学生暂时落后的损害。如果你来自中产阶级，你搞砸了不要紧，因为你的家人会为你提供更多的援助。"

对话在教师之间来来回回持续了数月，有些教师认为我们必须"坐下来"并分析自己的"问题"，还有些教师认为我们这样做是在浪费时间并打乱了个人计划。一些教师坚持要采取行动，还有一些教师感到准备不足或缺乏安全感，无法冒险脱离自己的舒适区进入种族雷区。

到今年年底，罗哈斯先生不耐烦地谈到他迫切地希望做出一些改变。"我们几乎整年都坐在那里谈论这些东西。我真是受不了了，我想做点什么。就像已经说过的那样，这并不是在责怪我们的学生，而是我们必须找到办法让非裔和拉丁裔年轻人'掌控'他们的受教育情况。我们必须采取行动，我们现在必须这样做。"

"我建议我们将所有非裔和拉丁裔男生召集在一起，举办一次会议，并就这个问题进行公开讨论。所有的非裔和拉丁裔男教师也将参加会议，我们将充当促进者的角色，我们必须听我们的学生说，听听他们对这些数据的看法。通过讨论，我们也许会知道该怎么做。"

威尔顿先生跳了起来，"这正是我想说的，这是一个好主意。或许，我们的学生需要与教师一同谈论这些问题。"

其他教师保持沉默，大家似乎都赞同这两个人的建议。罗哈斯先生的建议可能是我们正在进行的对话进入僵局的解决方法吗？

数学教师巴布森先生不安地问："将非裔和拉丁裔男生召集在一起之后，留在教室里的其他学生该怎么办呢？"

他继续说自己的顾虑，"对于那些混血儿以及不知道自己属于哪种族群的学生呢？他们要去哪里？"

"我不确定这个问题是否会像将非裔和拉丁裔男生聚在一起这样简单，"人文学科教师加西亚先生说，"例如，学校的许多非裔和拉丁裔男生也在质疑自己，他们是否会认为我们对他们有偏见，我们不能仅仅将非裔和拉丁裔男生聚在一起。我并不是说这是一个坏主意。当我还是一名大型综合城市高中的学生时，我们学校就做了类似的事情，那里有很多像我一样的墨西哥裔美国人，但这里有所不同。当我们以教师的身份代表学校开展工作时，我们要认真考虑活动的影响，并为此制订详细的计划。我们必须进行周密的安排，制作一个明确的行动指南。"

霍约斯先生对将所有的非裔和拉丁裔男生聚在一起感到担忧。"如果我们要求所有非裔和拉丁裔的男生聚在一起讨论他们的问题，这会产生一些误会吗？我不确定这是不是正确的方法。"

与其他许多讨论一样，这次的讨论提出的问题多于回答。罗哈斯先生对讨论没有达成一致意见感到很沮丧，威尔顿先生也是。他们准备按他们的想法行动。他们认为，非裔和拉丁裔男生聚在一起形成一个有密切联系的组织，会是一个强有力的举措。罗哈斯先生不仅仅是一位优秀的倾听者，也是一位问题解决者，他一直希望可以做一些事情来打破僵局，但他似乎并没有为出现的分歧做好准备，这次讨论的情况令他感到惊讶。

为了表明以提高学生成绩为目标谈论种族有多么困难，我详细叙述了教师之间的对话。罗哈斯先生的挫败感是真实的，其他教师表达的犹豫和恐惧也是可以理解的。我认为，学校领导回避让教师们进行这些艰难的关于种族的对话，正是因为他们担心会引发一些矛盾或使教师们不高兴，因为教师们会敏锐地感到自己对于一些现象无能为力。

实际上，我和托雷斯女士觉得许多方法都是必要的。面临的挑战是如何安排我们教师的专业发展时间，这样我们既能在学生工作和一贯的"成绩差距"方面取得进展，又能开始打破彼此之间的壁垒和成见。作为成年人，我们必须找到一些方法来确保大家能更好地谈论有关种族、性别、文化、阶层的感受。一旦找到了具体的方法（我们第一年的经历向我们展示了这会一直很有挑战性），我们所谈论的就必须直接与课堂实践和学生的成绩联系起来。保持这种微妙的平衡很有必要，尤其是对于一所发展初期的学校而言。但是，我们坚信，除非我们达到这种平衡，否则我们将无法缩小学生之间的成绩差距。

托雷斯女士看了看她一年多前为团队提供的数据，对于教师之间的各种观点和不同感受表示理解。"这些对话从来都不是容易的，但是，我坚信，通过反思我们自己整理的数据、提供的服务和计划，我们将提出更好的解决措施。"托雷斯女士深吸一口气，然后又说道："我们还需要更仔细地审视自己的经历和社会背景，看看我们如何互相帮助以及与学生建立更牢固的关系。我们的整个讨论中都会提到这一点。我们已经开始了这项工作。我虽然是波多黎各人，但与学校的波多黎各学生建立联系、更好地理解他们不是我的唯一职责。如果我的想法可以帮助非波多黎各同事，我有义务分享这些想法。互相指责、羞辱或攻击永远不会帮我们改善学生的学习情况。我们必须承认这一点。"托雷斯女士讲话时，我心里在鼓掌。我可以看到其他坐在桌子周围的人在点头。

她继续说，让所有人都听清。"我们需要不断提出以下问题：为了改善当前的状况，我们是否能为学生做点什么？需要像阅读导师一样提供缓慢却稳定的支持吗？凯莎需要在学习中心花更多时间吗？肯尼是否应该放弃一门学术课程？解决方案是否可以更全面？我们是否需要了解为什么非裔和拉丁裔男生是退学学生中最大的群体？他们不仅处于成绩最差的学生分组中，而且他们中的退学人数比其他任何一个分组中的学生总数还要多。"

我说："我感觉所有这些问题的答案都是肯定的。"我很幸运能与如此聪明、机敏、乐于犯错的同事和朋友一起工作，我心里想。我知道我们的工作会做得更好，因为我们会共同努力。我永远无法独自处理学校所有的事情，特别是作为一名白人妇女。

在讨论策略时，校领导团队的拜先生建议我们阅读约书亚·阿伦森的一篇短文，名为《刻板印象威胁》，该文章于2004年11月发表在《教育领导力》上。这篇文章描述了刻板印象威胁对学生成绩的负面影响。这一研究主要是面向处于测试状态下的大学生进行的，该研究表明，当社会环境威胁到了学生的心理状态时——诸如效能感、对他人的信任或归属感之类，学生的智力、能力和学习动机会如何地大打折扣。我们的情况大部分正如这篇文章所描述的。

其中一段特别引起我们的共鸣：

研究还表明，教导学生认为其智力、能力是可提高的而不是固定的，这样有许多好处。刻板印象给学生们这样一个观念，即他们遇到的困难反映出他们自身不可改变的局限性，就像有观点认为有些人天生聪明而有些人天生愚蠢。当我们教导学生重新思考智力、能力的本质，教导他们智力、能力可以通过努力得以提高时，我们发现他们对刻板印象威胁的负面反应正在减弱。

经过我们长时间的讨论之后，我们甚至想问问自己是否无意之间强化了刻板印象，我们同意教师开始在班里互相听课，并特别注意教师与非裔、拉丁裔学生的互动。教师们针对同事的观察笔记提出了具体问题。一些教师想知道他们在上课的纪律方面是否公平。他们会更快训斥非裔和拉丁裔男生吗？或者相反，他们是否更经常地忽略非裔和拉丁裔男生的负面行为？还有教师想知道在学生参与课堂方面班级是否形成了固定模式。教师总是和固定的一些学生互动吗？我们的目的是清楚地看到自己的教学模式，并参考大量的书面记录之后留意我们的行为可能产生的影响。

一位教师很惊讶地从观察笔记中发现，与其他学生相比，她会更频繁地点非裔和拉丁裔男生回答问题，因为他们声音最大。在我们开始这项活动之前，她从未意识到。另一位教师很高兴地得知她的学生平等地参加了讨论。她曾担心自己班里的年轻女孩会在讨论过程中占主导地位，但通过反馈得知并不是这样的。要求教师关注特定的学生群体，有助于我们所有人都更深入地思考我们的教学和行为如何显著或隐形地影响学生的学习成绩。

为了了解学生的看法，拜先生、罗哈斯先生与一些学生一起制作了纪录片。在拍摄的纪录片中，这些学生采访了他们的同学，并询问他们对种族或民族身份如何或是否以任何方式与在学校取得成功联系在一起的看法。

有趣的是，很少有发言的学生同意这篇阿伦森短文的前提。一位非裔年轻人说："我在学校的表现与我的种族无关，这与我的努力程度有关。"另一个学生，一个年轻的白人，对种族或性别可能影响学生成绩的想法感到震惊。"你在开玩笑吗？！我从来没有在考试中取得过好成绩，在学校也成绩不佳！"

但是，一位非裔女孩的看法暗示了这篇文章的主题，她说："嗯，我不知道关于这个该说些什么。我知道许多非裔学生在标准化考试中的表现不尽如人意。我一直都做得很好，在我很小的时候别人就告诉我我做得好。也许这与你自上幼儿园起别人告诉你的话有关系。大家总是说我做得很好，但是我哥哥却在各种考试中表现不好。奇怪的是，我们是双胞胎，除了学习上的表现，其他地方几乎都是一样。"

在观看了这部由学生制作的纪录片并分析了课堂上同行观摩的结果之后，全体教师决定实施一个特定的方式，即文学圈教学法，来帮助作为教师的我们更加认真地聆听学生们所说的话。

然后，在全校范围内采取措施

我们经常在波士顿艺术学院使用文学圈教学法，文学圈是指小型的临时讨论小组，专注于探讨同一故事、诗歌、文章或书籍。在阅读时，小组中的每个成员准备在即将进行的讨论中承担特定的责任。每个人都带着笔记来到小组中，这会使讨论内容更丰富并协助他们执行特定任务。

文学圈教学法有益于运用"金鱼缸策略"：让一些学生在教室的中央讨论分配的阅读内容——金鱼；而其他人则在外圈听并做笔记——金鱼缸。当罗哈斯先生提出我们要优先考虑种族和性别，让非裔和拉丁裔男生待在圈内，其他学生待在外圈时，贝兹女士说："请稍等，我不确定这会不会行得通。"其他教师也同意，有教师表示："对于这个想法，我感到不舒服，就像按种族将部分人隔离了一样。"罗哈斯先生回应说："看，我们都同意我们学校存在特殊的成绩差距，就像很多学校一样。我要说的是我们要果断地解决这个问题，我们必须谈论种族。我想尝试这种策略，因为我相信它将使我们的非裔和拉丁裔男生变得更优秀，在教室里起到榜样作用。"一些教师仍然对此表示不认可。

　　我担心我们又陷入僵局，罗哈斯先生问我是否可以通过将教师当作"小白鼠"来尝试这一方法，并试图解决教师们的担忧。他与其他教职员工一起，让非裔和拉丁裔男教师聚在教室中间，其余的教职员工则在外圈。外圈的教师先听圈内的教师发表看法，然后评论他们所听到的。我们使用的读物与学生平时使用的读物类型相同——报纸上一篇引发争议的文章，这篇文章论述了学校暴力和种族歧视的原因和影响，同时探讨了家庭或学校是否有责任教导年轻人一些行为准则。看到我们所有非裔和拉丁裔男教师一起参加讨论，这个场面让人很震撼。他们的讨论节奏很快且内容丰富。我注意到以前表示对这一活动十分排斥的人似乎比我预期的要放松。贝兹女士说："也许我可以尝试一下。我必须承认，我从未想过要与学生一起这样做会是什么样。"

　　在两个星期的时间内，每节写作研讨课都在使用文学圈教学法。我们坐在一间教室里，其中非裔和拉丁裔男生在"鱼缸里"讨论文章中的各种主题。安东尼说："我认为这一切与媒体的宣传有关。媒体对我们的成长经历和社区总是进行负面报道。这就是我们认为我们不够聪明、不擅长学习的原因。这也是本文作者所提出的观点。太多非裔美国人在街上贩毒而进监狱。我们认为这是成功的途径，因为这很容易赚钱。"

　　亚当回应说："我知道事实确实是这样的，但我并不是在这样的观点熏陶下长大的。很多人认为，比起在学校里学习，我们对快速赚钱表现得更感兴趣。我并不是这么想的，我为自己是聪明的非裔美国人而自豪。我一直成绩很优异。如果我没有拿全A，我就不能待在家里。拿全A同样是我母亲的期望。"

"是的，但是我们当中有多少人成绩优异？每次我们开学校大会时，我都可以数出来。有你，也许还有另一个人。"谢尔顿说着，随意地耸了耸肩膀。

"也许是因为我们中的大部分人都太懒惰了。也许这与社区中的暴力或类似于作者所说的任何事情无关。"亚当反驳道。

圈内的男孩们突然笑了起来，坐在外圈学生中的非裔女孩也笑了，其他人则不舒服地动了动。但是现在只有圈内的男孩可以说话。

亚当说："我实在看不出一个人是否聪明与种族有什么关系。"

"但是你不能否认现实压力，"安东尼插话说，"现实情况是许多非裔美国人犯罪、为赚快钱不择手段、在糟糕的社区里生活、在糟糕的学校里学习。当然，我不是说我们这所学校，但是我的大多数朋友，他们学校的厕所里都没有门或厕纸，他们的教师中有一半对教学感到倦怠、没有热情，请问你如何在这样的环境中学习？比起学生的家长和其他家庭成员，学校应该承担起更多的责任。这就是本文所要讨论的。"

大卫通常不会在课堂上表现自己，但是许多学生都很欣赏他。像亚当一样，他曾经是获得校最高荣誉表彰的非裔男生。一直安静坐着的他反常地清了清嗓子，大声说道："我的看法是，这篇文章实际上提醒了我们，如果我们不了解过去、我们的文化和种族，我们就无法理解为什么我们作为非裔美国男性在很多领域苦苦挣扎。这也不是我们在找借口，因为有太多兄弟确实是这样的。我们需要追根溯源。这就是我们在这里进行讨论的原因。我们经常让白人告诉我们应该如何采取行动或为什么我们的社区会有问题，我们需要自己来进行分析与探讨，而且我们现在就需要这样做。我敢打赌，这篇文章的作者也是白人。"

坐在外圈学生中的白人女孩卡罗尔用手捧着头，她一动不动地僵坐着。她的肢体语言仿佛在抱怨："我讨厌这次谈话。"

当贝兹女士允许外圈学生发表看法时，卡罗尔是第一个发言的人。"我真的认为这类对话很愚蠢。我们可以从中学到什么呢？我们并没有偏见，安东尼、大卫、亚当和谢尔顿就像我们其他人一样。我不理解把他们放在里面，而把我们放在外面的意思。好像又要怪白人了，我讨厌那样，我讨厌这所学校的一切问题都牵涉到种族，我是白人不是我的错，我什么都没做。我的家庭同样在苦苦挣扎，我父亲现在甚至没有工作。"

亚当说："是的，但这与你个人无关。大卫想说的是，作为非裔美国人，我们必须了解我们自己的历史。对于他来说，这就是他阅读后的感想。他在谈论为什么非裔美国男性一起讨论这个话题是件好事。是的，奴隶制是发生在过去，但是确实发生了，是白人做的，这不是要怪你或你的家人，只是大家需要在一起揭开这个伤疤，即使有时候那很伤人，但我们会更加了解我们的种族以及一些社会问题的根源。"

当我离开教室时，我回想了我刚刚目睹的一次强有力的交流。我在想我们是否可以找到更多方法来"隔离"部分学生，以便更好地听取他们的意见。我也想知道家长们的反应，会有家长投诉吗？

后来，贝兹女士在一次员工会议上与同事们总结了讨论活动。她的总结代表了我们许多人的观点："看到这些非裔和拉丁裔男生如此积极地参与这次主题讨论活动，我感到非常高兴，但是我对一些白人学生的反应感到不安，尤其是卡罗尔的反应。对她来说，这是一次全新的经历，这使她和其他人感到不习惯。他们习惯于成为'金鱼缸里的鱼'——团队里的主心骨——他们一直以来处于各种团队的核心地位，就像我们许多白人教师一样。但是这次他们是观察员——在外圈。那也许就是让卡罗尔难受的原因之一。她一直是说话者，而这一次那些不总是发表观点或表现自己的孩子却站在'舞台中央'。大卫很少在课堂上发表观点，即使孩子们很欣赏他。安东尼也不怎么说话。我的许多白人学生这一次只是在倾听，这同样让我感到很困扰。这并不意味着这是一次糟糕的经历，但会让人陷入尴尬的境地，有时我和学生同样感到尴尬。那么我们接下来应该怎么办呢？"

贝兹女士很紧张。她最初的担忧已得到证实。而且，她在总结时提出了一个好问题：这种讨论活动会教给我们什么？在提高这些年轻人的学业成绩方面，这将如何发挥作用（如果有的话）？

教师们讨论了是否下次可以将"鱼"的角色扩大到非裔和拉丁裔女孩或仅让白人学生扮演这一角色，同时说出我们的担心，即把非裔和拉丁裔男生单独聚在一起之后会无法应对一些学生的负面情绪。虽然有些教师和学生对这次讨论活动并不满意，但这次讨论活动的影响在总体上是积极的。文学圈教学法正在帮助我们克服自己的不适，不让种族因素成为我们自身职业发展的障碍。

我们看到，文学圈教学法创造了一个相对舒适的环境和一种非常高效的方法来让学生分析文章并进行讨论。这是我们意识到我们的学生必须谈论种族和成绩之间的联系之后采取的核心策略。

向学习艺术的学生学习

当我们评估这一策略的实施效果并从中总结经验教训时，我们很快意识到，无论学生的种族、阶层、性别是什么，无论是否由教师带领，我们的学生都在进行类似的对话。实际上，学生一直都在进行这些对话。当学生们愿意谈论这些"热点"问题时，为什么我们成年人如此紧张、恐惧甚至尴尬？

在采用文学圈教学法之后，荣誉榜上非裔和拉丁裔男生的人数增加了，似乎表明在全校进行的讨论活动引起了这种变化。我怀疑开启这些对话会产生一种微妙却很强大的效果，这种效果的影响力远远超出了活动本身。我把开启讨论的那天看作学校对种族和成绩的看法发生重要转变的时刻，我在波士顿艺术学院师生的许多互动中都感受到了这种转变的影响。

在一次视觉艺术作品展览中，萨拉向我展示了她做的半身雕塑，她命名为"我是黑人女性"。制作雕塑是当时给所有10年级正在学习视觉艺术课的学生布置的作业。

萨拉的皮肤发亮，编得紧紧的脏辫贴在头皮上，萨拉解释说："太多的非裔美国女性对拥有像我一样的肤色和头发感到羞耻。我想说的是拥有哪种肤色或什么样的头发都没关系，我们不需要因为这些事情而被区分开。但这就是非裔美国人社区中正在发生的事情，我希望通过这个雕塑对此做出回应。"看着萨拉的作品，听着她说的话，这些都再次提醒我，确保学校的成年人和学生能够思考和谈论种族问题是非常重要的。最近，萨拉回到学校参加校友活动，并告诉我她已经入读美发学校。我问她，她是否还记得她10年级那年的作品，这一作品对我和学校其他人产生了如此重大的影响。"我当然记得了！"她笑容满面地说道，"也许就是这次作业坚定了我对美发的兴趣。现在，我每天都可以帮助非裔妇女们感到美丽和自信。"

萨拉在校期间花时间和精力思考并找到自己的方式来回应对自己和她所处社区来说很重要的问题，她甚至将自己的爱好变成了工作并乐在其中，我为她感到骄傲。

最近由波士顿艺术学院学生演绎的一部戏剧作品《羊泉村》引发了有关种族主义、暴力和不公正现象的更多对话。剧本是由西班牙剧作家洛佩·德·维加所创作的，此剧的情节有史可考，即来源于一场真实的农民起义。戏剧中的羊泉村是由一个专横跋扈的领主——费尔南·戈麦斯统治的村落，他虐待村民、胡作非为。人们无法捍卫自己的庄稼和房屋等私人财产，长久地忍受着他的贪婪与侵占，最终村民们不堪暴虐，采取了行动。村民们冲进了领主府邸，杀死了费尔南，然后决定在审讯时一致地保持沉默。尽管他们遭受了惨痛的折磨，但每次被问到"谁杀死了领主？"，他们只说："是羊泉村干的"，也就是说，所有村民都有罪。

这一场表演表现了年轻人的韧性与同理心。学生演员们出色地体现了本剧中探讨的主题，包括荣誉、复仇、勇气和团结。学生们在谢幕后离开舞台，高喊："是羊泉村干的！"虽然他们的脸上充满了疲劳，但是在疲劳的背后，学生发自内心的自豪感油然而生。

在表演之后的讨论中，在剧中表演的12年级学生帕特里夏说："我知道这部戏在一定程度上反映了一些现实问题，因为当今世界各地都有遭受压迫的现象。我不同意村民杀死领主的那种残忍的手段。幸运的是当今社会还有其他的发声渠道，投票就是其中之一。尽管这个社会中一些现象可能会让17岁的孩子感到无助，但我认为艺术可以带来改变。我知道我永远不会无助，因为我有通过戏剧改变人们的力量。"

演出也对波士顿艺术学院的教师们产生了深远的影响。一位教师给全体演员写了一封电子邮件："我在西班牙北部的巴斯克地区长大，《羊泉村》使我产生了共鸣。戏剧中对酷刑的演绎让我全身发麻，困扰了我好几天。在西班牙的佛朗哥时代，我们的母语（巴斯克语）和文化受到了压制……我知道很多问题并没有随着戏剧帷幕的落下而被解决，我看完表演后感到震撼和沮丧……"

当我向学生演员们讲解这个故事时，杜安说："只有像洛佩·德·维加这样的目睹或经历过这种恐怖情景的人才能创作出这部戏。这部戏同时也反映了当今世界存在的一些问题，因为暴政、暴力和酷刑仍然存在——只是变换了形式，特别是在美国。'粗鲁地对待一样的人——那是愚蠢；粗鲁地对待不如自己的人——那是专制。'这是戏剧中弗洛雷斯对领主说的话。但是，我们社区每天都会发生这种事情，想想看，我们是怎样对待非裔美国人的？"

我跟这群学生说，直到20世纪90年代，西班牙才对曾经在宗教法庭上遭受酷刑并被迫流亡以逃避迫害的许多犹太人和其他人表示歉意。"托莱多在15世纪是一个满是犹太人和阿拉伯人的小镇，"我告诉他们，"在一个犹太教堂博物馆里，有一个小标识，记载了胡安·卡洛斯一世国王为那个时代在西班牙的犹太人的遭遇所表示的道歉。想象一下：西班牙花了500多年的时间才正式发表道歉声明。"11年级学生贾内拉问："您认为美国怎样才会同意补偿非裔美国人？"

激烈而充满激情的讨论开始了，学生们提出了许多不同的意见。这些学生有时对彼此感到不耐烦，但他们从来没有对他人的观点感到不屑一顾，他们也会采纳相反的意见。他们等待着那些需要更多时间来表达思想的人，他们鼓励大家发表自己的意见，有时甚至赞同有人提出反对看法。他们用自己的智慧和激情谈论不同种族、阶层、文化、语言和性别的差异，艺术可以将它们联系起来。他们使用了他们在文学圈活动中练习过的交谈技巧，发现这些技巧在戏剧课中同样适用。在波士顿艺术学院，我们在学生群体发现了出色的榜样，他们或许就是那些帮助我们所有人明白如何更好地谈论种族的人。

我们的策略有效吗？

虽然我们的对话没有产生对应的结论，但我们收获了一系列的经验，这使得我们可以从容地谈论种族，并且可以肯定的是，荣誉榜上非裔和拉丁裔学生的数量在增加。因为我们将提高非裔和拉丁裔学生的成绩视作明确的目标，所以越来越多的非裔和拉丁裔学生进入荣誉榜，并进入更具竞争力的大学。这仍然是一条崎岖的道路，而且，我知道我们没有既定方案去达成目标。也许通过这些对话，我们能鼓励非裔和拉丁裔学生多思考他们在学校取得成功如此困难的原因。我想我们的许多讨论巧妙地影响了其他学生如何看待甚至鼓励这些非裔和拉丁裔学生。我也相信，我们的对话和持续的工作可以帮助教师们察觉到他们持有的刻板印象是如何伤害了一些学生的，这种负面影响是教师们需要避免的，即使它可能永远不会在各种考试结果中显现出来。

毕业率高和大学录取率高可以证明我们采取这些策略卓有成效。但是，并非所有人都能按时毕业，我们最近在8月的毕业典礼上表彰了7名波士顿艺术学院的高年级学生。这些学生在6月的毕业典礼前没有及时完成毕业的要求。虽然8月的仪式可能并不像6月毕业典礼的盛况，但仍然是一个严肃的场合，配有音乐，还包括一位毕业演讲者。参加这个特殊仪式的所有学生都通过努力才走到这一天。大多数人多年来，包括今年在内，都曾上过暑期课程。不管他们听我们说了多少次，"高中不是计时考试，也不是冲向终点线的比赛"，他们都为不能参加6月的毕业仪式而感到羞愧。

但是今天他们和家人在一起，那里满是气球、鲜花、摄像机和拥抱。他们继续前进。具有讽刺意味的是，每个年轻人在其艺术领域都取得了巨大的成功。同时他们抵制了学校的一些安排。他们总是很艰难地完成学术课的学习任务。他们宁愿花一整天在录音室或舞蹈室里，也不愿在纸上写字。尽管他们的许多同学也都是这样，但其他人有时还是会咬着牙放弃他们想做的事情，以完成他们需要做的学术课上的学习任务。这些学生最终抵达了"终点线"并竭尽全力。通常，他们似乎在与教师、学校甚至自己进行斗争。我赞扬我们的学生的韧性。高中毕业在我们国家是成功的重要标志。但是，我知道我正在庆祝喜忧参半的成功。

这7个毕业生都是非裔男生。虽然我看到了他们的艺术才能和吸引人的个性，但我知道他们的学术课成绩还没有达到应有的水平。7人之中的伦佐即将前往非洲，他会在3个不同的国家演出。虽然我为他的演出机会感到欣喜，但我也在思考：他是否有能力仔细阅读合同？他有被经纪人利用的风险吗？当然，关于那些甚至还没有从高中毕业就登上杰出艺人排行榜的艺术家的故事比比皆是，但是，由于缺乏艺术以外的技能，许多人从未成功。伦佐是会成为一个幸运儿，还是会成为另一种统计数据样本？在这些非裔毕业生群体中，一些人处于失业或待就业的现状，有些甚至走向了犯罪和吸毒的歧途。我不希望伦佐在追逐理想的路途上磕磕绊绊，我希望他在高中毕业前能具备相应的技能或坚定的意志力去应对生活的困难与诱惑，这样他即使处于人生的低谷也能继续前进、重拾信心。

这7个学生没有按照我们的期望来发展自己的技能或按时毕业，也没有像我希望的那样充分利用学校提供的支持，尽管我很高兴看到他们做到了这个程度，但我心中仍然充满失望。我审视自己的内心并再次问道：我们对学生有什么不了解的？我们如何做得更好？我们能做得更好吗？

托雷斯女士对威尔顿先生说过："我们只有接受挫败感才能更好地为学生搭建成功之路。"我们必须直面并解决这些困惑。我仍然很确定，弄清一个问题的最好方法就是询问有关这个问题的事情。我建议一位同事采访这7位年轻人，并询问他们在波士顿艺术学院学习时的情况。我们的一些问题是：在波士顿艺术学院什么会让你有成就感？是什么让你偏离了学习的正轨？教师们能为你们做些什么？你认为种族或性别对你在学校的表现有影响吗？我们录制了采访录像，以便可以通过多种方式来继续我们的教师专业发展工作。

令我印象深刻的回答是一个年轻人谈到自己的教师会不断督促他而不放弃他的重要性。这一回答让我想到几年前看过的阿伦森文章中的主题。另一位被采访者说，等他到了12年级的时候，他才感觉自己真正地适应了校园生活，他说道："我曾看到过我的朋友被学校开除。我害怕被开除，因为我不想让你们在做了那么多努力后失望，关键是我不想让自己和我妈妈失望。"所有的被采访者都谈到了自己个人生活中遇到的问题，例如没有足够的钱支付学费，住房危机或亲人遭枪击等，这使他们无法按时毕业。每个被采访者都谈了自己对非裔男生和在学校取得成功的看法。"我一直想按时毕业，但后来我完全不考虑了，情况就越来越糟。我承认自己有段时间过得比较艰难，需要帮助。"另一个人说："我不确定开除一些学生能否改善其他人的学习情况。这只是证明了哪些事情是我们不能做的，而不是我们可以做的。"正是这位学生说的这段话引发了我们的深思，接着我们又提出了更多的问题。我们如何持续吸引我们的学生甚至以不同的方式做一些事情，以免失去他们？

我们需要知道我们的学生、教职员工以及家长如何谈论学生在学校里取得的成功。这对我们每个人来说都有不同的含义吗？关于我们每个人如何理解学生的成功，我们提出了一系列新的问题。我们的目标是向学生学习以提高我们的教学水平。

下一步是什么？

我不寄希望于奇迹般的解决方案会在一夜之间出现，但我知道为了改善我们未来的工作，我必须从过去的做法中吸取教训，同时借鉴其他学校的成功经验。我们需要继续倾听我们的学生和家长的想法。如果我们所要做的就是开箱即用地使用下一个亮眼的课程表，看着成绩差距消失，那肯定会很好。许多学校和校长一直希望，下一个工具箱、研讨会或引进的全职专家会有解决办法。但是我坚信，批判性的评估和认真听取学生的意见是我们缩小成绩差距的关键一步。努力缩小成绩差距是城市教育中最艰巨的工作。这需要持续不懈的努力，并不总是直线前进的过程，而且，我们深知尚未解决的，甚至是尚未提出的更严肃的问题：作为一个组织，我们是否有足够的热情和耐心来进行学校改革的必要工作？

在波士顿艺术学院，我们认识到我们不能让我们的失败或我们学生的失败阻止我们的讨论活动，这很重要，无论多么困难和复杂，我们都拒绝放弃关于种族和阶层的讨论。忽略种族、阶层、文化和语言等因素与学生成绩之间的联系，就是忽略我们自己的学生。

6

帮助学生破除隐形障碍

我们如何知道学生面临的隐形障碍？

桑妮塔是波士顿艺术学院的一名优秀毕业生，也是一位非凡的音乐家。从某种程度上说，她使我们的音乐系出了名，因为她是我们学校中第一个参加地区、州乃至全国性音乐比赛的人，而且每次她都做得很好。教师们对她的表演技巧以及沉着冷静的态度感到惊讶，桑妮塔在全国音乐节上获得第一名时，她的一位音乐教师桑普森女士喜极而泣，说道："她得分最高，而她的竞争对手都是从小就开始练习并且跟随全国最著名的音乐教师学习的人！对于拿高分，我相信桑妮塔从未怀疑她会做不到！"

　　许多才华横溢的年轻音乐家从小就上过各种私人课程，参加过音乐精英夏令营，拥有昂贵且富有竞争力的合奏体验，但桑妮塔开始学习音乐是在她上小学6年级时，当时她参加了一个由波士顿艺术学院举办的星期六音乐节活动，她的同父异母哥哥托尼在音乐节活动上演奏单簧管，桑妮塔观看了他的表演，并了解到我们的免费单簧管培训项目。她的母亲一开始并不同意，桑妮塔说服了她并保证，如果她参加这个项目，就不会沉迷于看电视。因此，在上6年级时，她开始学习单簧管，7年后，作为波士顿艺术学院的一位18岁的音乐家，她仍然渴望演奏难度更高的曲目并不断提高自己的专业水平。

　　桑妮塔是学校小型管乐合奏团中的第一位单簧管演奏员。她每天认真地练习，从不错过附近音乐学院研究生的单簧管私教课。她是一位杰出的演奏者，对旋律、和声以及音乐风格的独特性有着非凡的理解。她的表现和诠释音乐的能力远远超越她的年龄。

　　桑妮塔的母亲从来没有参加她的独奏会，因为现在家里又多了新出生的双胞胎姐妹，另外还有两个正在蹒跚学步的小孩。桑妮塔的亲生父亲不在她身边。桑妮塔的继父喜欢音乐，但他大部分时间在旅途或工作中，同样从来没有参加过她的独奏会。桑妮塔同父异母的哥哥托尼在几年前离开了波士顿艺术学院并获得了普通同等学历证书，他的单簧管时代似乎被人们遗忘了。桑妮塔不再多谈论他，当她偶尔谈起时，话语中充满了不满。因为他对她的音乐没有任何兴趣，也对这个家庭没有做出任何贡献。桑妮塔通过打零工来减轻家庭的经济负担。她制订并遵循严格的练习时间表和作业时间表。随着她在音乐领域持续进步，她的演出也越来越精彩，她从表演中获得的额外收入都交给了母亲。在招生面试中，她完美地演奏了莫扎特协奏曲，并获得了非常有声望的音乐学院的全额奖学金。她将是她的家庭中第一个高中毕业并继续上大学的人。她的所有教师都在庆祝她取得的成绩，桑妮塔带着微笑走过大厅，谈论她将如何与美国最好的单簧管教师一起学习。

但是在春季，桑妮塔收到一封信，说她的音乐学院奖学金已被取消，因为她没有及时寄出定金。当她的教师桑普森女士和理查森女士试图弄清楚这一事件发生的缘由时，她们才意识到桑妮塔是因为羞愧而没有告诉她们她没有500美元的定金来保留她的入学名额和奖学金。她的教师为这看似不可能的事情感到遗憾。资深教师桑普森女士自认为非常了解桑妮塔。理查森女士几年前才来该学校任教，她以为自己与桑妮塔之间建立起了坦诚和信任的关系。毕竟，她们指导桑妮塔一次又一次地参加比赛；她们和桑妮塔一起待在酒店房间里，熬夜听国际爵士音乐节的乐队演奏；她们一起一边谈论其他高中生，一边骄傲地看着桑妮塔与管乐团一起排练并担任大乐队的助理指挥；她们共同为桑妮塔的成功感到高兴。桑妮塔得到了教师和同学们的完全信任。

也许是因为这种信任，桑妮塔一直没有告诉桑普森女士她无法拿出这笔钱。桑普森女士为她做了很多，桑妮塔怎么能让她失望，承认没有足够的存款去支付定金？也许桑妮塔担心桑普森女士会抱怨在她自己身上浪费了许多时间。当桑妮塔最终告诉桑普森女士没有存款的困境时，已经超过了交付定金的最后期限，桑普森女士或其他人都帮不上任何忙了。桑普森女士致电音乐学院的负责人，并试图解释桑妮塔的情况，虽然负责人很同情，但她解释说现在为时已晚。事实上，令人心碎的是这位负责人告诉桑普森女士，如果他们及时知道，他们本来可以免收定金，但音乐学院的负责人和招生主管却以为桑妮塔不想入学，而且奖学金已经重新分配了，给了另一个更"积极"的学生。我和整个音乐系的教师都感到十分愤怒，因为我们才华横溢又努力的学生被她自己选择的学校拒绝了。

可悲的是，这种情况告诉我们，我们对学生适应社会、各种政策和获得教育机会所需条件的理解还不够。当桑普森女士告诉我发生了什么事时，我非常生气——首先是对音乐学院仍然不收她感到生气，其次是对自己没有与桑妮塔以及她的教师保持联系并及时了解相关情况感到生气。如果我早点参与进来，也许我可以扭转局面。我给招生负责人打电话，但得到了相同的答案。我甚至给我认为可以帮助改变现状的另一所大学的校长打了电话，但无奈地得知决定已经做出了，无法改变。我意识到，在桑妮塔的例子中，我们无意之中被自己的中产阶级经历和想法所困住，没有真正地站在学生的角度考虑，无论我们如何看待与该学生之间积极、亲密和信任的关系，可实际上我们都没有充分理解她的情况。

开辟更公平的道路不仅仅意味着为学生提供机会，它还意味着我们要教会学生抓住机会。为了给我们的学生开辟更公平的道路，我们必须警惕无形的特权，我知道，一些学生由于社会阶层、种族、语言、文化背景或性别而享有这些特权。我们不能把开辟这条道路的责任交给学生或他们的家人。阻止桑妮塔进入这一道路的门槛不是500美元。桑普森女士（或我们中的任何一个人）本可以很轻松地帮助她克服这一障碍。真正的障碍是看不见的，它由两个关键因素导致：学生的羞耻感和教师以及我自己的无知。

桑普森女士当然知道，像桑妮塔这样的学生并没有在一个公平的环境中竞争。否则，她不会对桑妮塔的成功感到如此欣喜。桑普森女士知道，拥有非凡的音乐能力而又没有特权的学生在这样的环境中取得成绩是多么的不容易。即便如此，她还是无意中忽略了没有特权或社会经验会为桑妮塔未来的成功造成怎样的无形障碍这一客观事实。

后来，当她谈到对这种情况的看法时，桑普森女士想起了她的父亲是如何在午夜开车把她送到邮局，在截止日期前给她的大学申请书盖上邮戳。桑普森女士在一个中产阶级聚集的郊区社区中为数不多的非裔家庭中长大，她的父亲没有上过大学，但是她的母亲（一名学校教师）具有大学学历，她的外祖母曾经是一名南方的学校教师。桑普森女士的家人对通行的潜规则有所了解。作为中产阶级的成员，他们已经内化了许多机制，使特权得以延续。桑普森女士的高中没有霓虹灯招牌来宣告该市有一家邮局营业至午夜。但这一直是运动场、家庭聚会、高中活动上中产阶级家庭之间的对话话题。这些只是中产阶级家庭知道并吸收的信息，几乎就像中产阶级成员的第二层"皮肤"一样，让他们多了一层保护机制。

在城市学校中，教师和辅导员负有特殊义务，这超出了他们常规的工作范围。作为城市教师和领导的生活使我充满激情，相信我们有责任纠正种族、阶层、性别所造成的不公正现象。这意味着教师不应该仅仅局限于教授学生各种学科知识，还需要深入了解各种文化知识、学生的家庭背景和过往经历。

对于城市教育工作者来说，诸如桑妮塔之类的故事非常普遍。我们很容易误以为，如果我们和学生一起"更努力"，让我们的学生做好"更充足"的准备，他们是可以进入精英院校的，但我们忽略了贫困和阶层背景可能会对学生造成的有害影响。虽然我们确实知道并且一直在思考这些问题，但是我们的知识结构也可能蒙蔽我们。我们自认为我们了解很多，但是后来那些更深层的东西，即看不见的东西造成了不可控的影响，使我们感到惊讶。

我们忘记了要开辟更公平的道路。正式的机会是存在的——获得奖学金、被竞争激烈的学院或大学录取（尽管对于我们的学生而言，可利用的机会仍然很少），关键是学生缺乏真正利用这些机会的思维与能力。作为教师，我们会努力为学生开辟这条道路，但是对于那些学生来说，要学习如何自己开辟这条道路，然后走下去，这就需要他们理解不言而喻的惯例。作为教育工作者和美国平等理想的信奉者，我们的工作是使所有这些潜在的规则变得可见且可驾驭。这是营造真正的公平竞争环境的唯一途径。

中产阶级和白人教师，包括我自己在内，甚至还有像桑普森女士这样的非裔中产阶级教师，都常常忘记，由于我们自身的经验有限或对阶层、种族所带来的障碍缺乏了解，使我们会忽略很多事情。当然，我们也不能保证其他非裔和拉丁裔教育工作者会察觉贫穷带来的所有细微差别或残酷之处。尽管在波士顿艺术学院50％的教职员工都是非裔和拉丁裔的教师，而且许多人是他们家庭中上大学的第一代人，他们也可能会忽略学生会遇到与文化、社会经济或种族相关的障碍。我们会尽量为所有学生创造平等的机会，但我们并非总能做对。

我们将从桑妮塔未能上心仪学校这件事中总结教训，但是我们还必须记住这并不意味着我们可以依靠这一教训高枕无忧，我们必须更加努力地破除障碍，因为我们完全无法理解的其他情况依旧可能会发生。当波士顿艺术学院的教师谈论如何进一步打破障碍时，我们现在会问彼此一个问题："学生寄出定金了吗？"我们用这个问题作为隐喻来代表我们可能忽略的所有无形障碍，以便我们可以推动自己和他人了解更多信息，发现学生无法解决的难题，利用我们在桑妮塔这件事上的失败来激励大家在未来取得成功。

桑妮塔的故事苦乐参半，她现在正在上一所州立大学，攻读心理学学位。她虽然没有机会在学校学习音乐，但她说她仍在尝试演奏单簧管。没有优秀的音乐教师，她可能无法发挥出自己的真正激情或潜力。对波士顿艺术学院来说，我们辜负了桑妮塔的努力。

让学生做好成功被心仪大学录取的准备，意味着教师要用我们可能从未想过的方式与学生相处。有多少数学或音乐教师会想到要教他们的学生如何填写助学金表格，或带他们到附近的大学参观？我知道许多教师可能最初会响应这个呼吁，以更多地了解学生的生活，并参与到学生为未来做的准备中，但他们也会面对很大的阻力，他们可能会说，"这不是我的工作"或"我不是大学指导顾问或社会工作者"。尽管如此，我认为校长需要让每个教职员工都参与进来，以使我们所有人都相信有责任为学生上大学和高中毕业后的生活提供帮助。校长需要建立什么样的学校结构和教师的专业发展路径才能使教师改变自己的想法而又不会完全不知所措？我们如何才能让教师在生活中为这项工作腾出空间和时间，而不是简单地要求他们给自己的工作增加另一个负担？在培训教师计划课程和管理课堂的同时，我们如何培训教师进行这项工作？而且，也许最关键的一点是，校长如何让教师们相信，如果一起努力，他们的工作会更加令人满意。

波士顿艺术学院12年级学生里卡多不清楚如何申请大学助学金。他的顾问知道里卡多的母亲已入狱，但假定了他的祖母是他的法定监护人。在申请过程的后期，我们得知他的母亲仍然是他的法定监护人，因此必须签署他所有的助学金表格。里卡多不得不安排进监狱见她，去监狱需要两小时的车程，而且无法通过公共交通工具到达。他的家人中没有人有车，虽然里卡多与他的老师，特别是与他的导师贝丝平时沟通良好，她指导他写的大学申请论文，但他复杂的家庭情况却使他错过了第一志愿大学的申请截止日期，他最终上了大学，但这所大学并不是他的头四个志愿选择之一。从字面上看，我们可能了解要问所有学生"你的定金汇了吗"的重要性，但是我们还没有关于"如果监护人入狱了该怎么办"的课程。

然而，这些具有代表性的问题恰恰是我们必须提出和回答的问题，否则就要冒这样的风险，即像桑妮塔或里卡多这样的学生无法获得应有的机会。解决这样的问题非常困难，在这个过程中我们可能会触及学生脆弱的内心和难以启齿的想法。我们永远不想让学生感到难堪，他们是坚强、充满活力、朝气蓬勃的年轻人。我们也相信，只有学生诚实地面对自己的内心，他们才能克服障碍。

对于今天的教师、学生和家长来说，解决障碍的过程变得更加困难——是因为这些障碍每天变得越来越大，越来越难以克服。学费继续上涨，进入高等教育学校的大门越来越窄。有资格获得佩尔助学金（给低收入家庭学生的联邦助学金）的学生比例继续上升，而这些学生在许多大学的入学率却继续下降。大学之间互相竞争优秀学生，提高了它们对SAT分数的最低要求，随之而来的是我的学生被录取的机会就更加渺茫了。我们经常从大学招生办公室得知，如果我们的学生没有获得必要的SAT分数，他们将在申请大学时不具备竞争力。我想知道的是，另一边（高等教育学校）是否真正有意愿招收我的学生，并为他们提供进入这些校园和在这些校园中学习的机会。

如何帮助学生看到并克服隐形障碍？

作为一所学校，我们试图缩小来自不同阶层的学生之间的差距。我们的社会资源显然更倾向于中上层阶级。许多社会规范是围绕中上层阶级的价值观而建立的，中上层阶级控制着很大一部分文化和社会资源。如果我们希望我们的学生能够体会中上层阶级生活的好处，那么我们必须教他们如何去做。从引导学生学习形象礼仪到提升内在修养，从教导学生面试技巧到考试技巧，这些都必须成为课程目标的一部分。

仅通过提供机会而没有提供附带的说明使学生真正利用这些机会，就无法保证学生将来会成功。这就像是在说："学校设立了很多为贫困儿童提供的奖学金，但他们根本没有申请。"这是远远不够的，从与学生们的多年相处中我了解到，像其他学生一样，出身贫穷的学生也需要父母或教师手把手去推动和一直提醒"赶紧申请那些奖学金"。这就是许多中产阶级父母面向他们子女的教育方式之一——强行灌输，说服你接受这种教育。

回想我自己申请大学的经历，我意识到我的家庭在很大程度上帮助我克服了无知。我的父母都受过良好的教育，他们一个是教师，一个是医生。在这样的家庭中长大，毫无疑问我会上大学以及去一所"好大学"——只是哪一所大学的问题。虽然我的父母没有开车送我去参观心仪的大学（我必须自己想办法去参观），也没有帮助我写大学申请论文，只是跟我说："我们上过大学，但这是你的大学申请论文，不是我们的"，但我知道我的任何疑惑最终都会得到解答。在我上11年级和12年级的时候，我们经常在餐桌上谈论的话题是各种"好大学"的优劣对比。

在波士顿艺术学院，在我们的大学和职业顾问海尔斯顿女士的领导下，教职员工共同开展了一些教学实践，鼓励所有学生相信高中毕业后能取得成功。我想保证我们在学校创造一些许多学生无法体验到的我和很多像我一样的人在家里的经历。

我们的期望很明确：所有波士顿艺术学院的学生都将申请大学或准备职业培训项目。每年，海尔斯顿都会为9年级、10年级和11年级的学生组织一次分享会，听取正在上大学的校友以及即将毕业的12年级学生关于大学录取过程的相关经验。在教师和学生之间进行这些讨论是一回事，让在校学生听听毕业生的想法是另一回事，他们会说："当海尔斯顿女士说要尽可能多地申请奖学金时，要听她的话！她知道怎样申请。""别像我一样等到最后一分钟。现在我不能上全日制大学，因为我等了很久才申请助学金。""当所有室友都是白人时，不要惊慌。这并不意味着他们是坏人。一定要记住你在这里也可以结交白人朋友！"那些"外界"的智慧和建议对我们的学生来说是无价的，我们利用它来为学生提供方向，让学生们思考高中毕业后的大学和职业。

海尔斯顿女士在我们学校组织年度大学展览会，以及年度大学参观日活动，所有9年级、10年级和11年级的学生都要参观大学校园。安排320名学生参观地区大学是一项艰巨的任务，但我们认为这是我们的义务之一，以尽早引导学生树立目标。大多数中产阶级学生的父母会带他们去参观大学，甚至帮助他们分析不同的大学，这给那些学生带来了特殊的优势。但是，许多学生的家长并没有这么做。因此，波士顿艺术学院每年都会带着学生参观本地和州外的大学。

我知道，一些在其他城市公立学校任教的读者会持反对意见："是的，太棒了，但是我们如何确保有相应的资源来开展这项活动呢？"我申请了补助金来支持州外的旅行费用，同时我也很幸运，我们生活在一个交通便利的城市。许多大学距离我们学校仅有很短的公交车程。所以，在其他学校复制这种经验是具有挑战性的，但是我认为这对任何一所学校都是可能的，对波士顿艺术学院来说，我们为了给学生创造这些机会和实现我们心中的期望而付出的辛勤工作都是值得的。我们的回报——看到我们的校友在高中毕业后取得成功——是无价的。

我们的咨询项目同样在为学生创造更多机会。咨询项目将学生划分为由8至10名来自各个年级（9至12年级）的学生组成的小组，每周与教师相约开会4次，每次15分钟。咨询小组的目的是让所有学生都被一名教师所熟知，并成为学生可以在一个客观的、互帮互助的环境中分享成功和遇到的困难的地方。在咨询小组中，学生会提出一些有关参观大学的问题。参观结束后，他们会简单汇报这次经历。这些参观活动以及围绕它们的讨论帮助学生意识到上大学是非常重要的一件事。一些学生会在咨询小组中讨论大学的录取过程。由于咨询小组中有不同年级的学生，因此，这是分享经验并帮助年轻学生向年长学生学习的另一种有价值的方法。

在11年级和12年级学生的写作研讨课中，我们要求学生报名参加初步学术能力评估测试和学术能力评估测试，并学习如何撰写大学申请论文。这样，告诉学生申请大学的要求便成为学校教育的一部分。我们告诉他们，高中毕业后去邦克山社区学院或波士顿大学上学都是可行的、有价值的选择，但是学生必须尽早了解入读波士顿大学等机构的更高要求。我知道附近有一所学校，里面的学生比我们学校多得多，该学校将大学申请论文写作培训融入到了高级英语课程中。我想知道，在一所大型学校里，让大学申请过程成为课程一部分的方式是什么？如果学校没有相关的咨询系统，那么如何让更多的教职员工分担帮助学生更好地适应高中毕业后的生活的责任呢？

我发现上述实践对于建立一种信念至关重要，这种信念就是教师对所有学生的内心期望："你们可以从高中毕业，而且一定会。你们可以去上大学，你们会去的。"在咨询小组中，作为顾问，我们提出了一些可能会对学生的大学录取结果产生影响的问题，例如哪些学生的父母是非法留在美国的。如果一个学生从未带父母/看护人参加财务援助研讨会，则可能表明我们需要了解有关该学生家庭财务状况的更多信息。我们一直牢记从桑妮塔和里卡多的案例中学到的经验教训。

如何让取得进步变得有吸引力？

你如何教学生获得想要的机会？这可以教吗？我们的回答是肯定的，我们成功教导学生把握机会的方法之一就是强调这样的想法——学生对学校的归属感很重要。我们相信，如果我们的学生对自己的学校有一种主人翁意识和自豪感，那么他们尝试进入未知领域时也会更有安全感。

当学生将自己视为有能力改变自己生活的强大学习者时，学习成绩就会提高。我们的目的是为所有学生营造共同成功的校园文化。因此，我们以公开的方式来为取得成绩的学生庆祝。每年，一名学校的工作人员负责在走廊的公告栏中贴上最新毕业生的肖像以及对他们现在就读的大学的描述。通常，我和托雷斯女士会通过每天的公告来庆祝学生的大学录取和奖学金获取情况。我们希望整个学校都知道谁获得了波士顿大学的全额奖学金，谁获得了伯克利音乐学院的校长奖学金，等等。每个季度，我和托雷斯女士都会与获得校最高荣誉表彰的学生共进午餐。除了纯粹的庆祝活动，我还与这些学生讨论了他们取得成功的原因以及他们认为有助于鼓励更多学生获得校最高荣誉表彰的做法。我们了解到，虽然我们的荣誉榜大会很好，但我们需要以一些不同的方式来划分学生。以前，我们举行过"下议院"大会（包括9年级学生和10年级学生）和"上议院"大会（包括11年级学生和12年级学生）。有学生提出了不同的安排，例如将9年级学生和12年级学生安排在一起，或者是按照艺术学科来进行安排。他们说，通过这种方式，学生将拥有不同类型的学习榜样。他们还建议我们设立并非纯粹基于学术成绩或年级的奖项。

在前文中，我描述了奖励学生"做了体现共同价值观的事"已成为学校的重要激励策略。在听取了学生的建议后，我们制定了一项每年颁发一次的奖项，称其为"波士顿艺术学院精神奖"。教师提名并投票给学生，以表彰具有非凡同情心、同理心和班级责任感的学生。每年很少有获奖者。在举办荣誉榜大会期间，我们会为获奖者庆祝和拍照，并邀请他们与其他获得校最高荣誉表彰的学生共进午餐。获奖的学生们总是将这个奖项写在简历上，波士顿艺术学院的每个人都在谈论过去的获奖者是谁。"波士顿艺术学院精神奖"已经与校最高荣誉一样成为备受关注的奖项。作为一名教师，我们很自豪地注意到，获得"波士顿艺术学院精神奖"的学生通常会在随后的学期中登上荣誉榜。优秀往往会成为一种习惯，我们发现，在一个领域中取得成功的学生会把成功扩展到另一个领域。

学生喜欢被喝彩，他们喜欢这些喝彩带来的认可感。荣誉榜大会是一个特殊的俱乐部，实际上，在我们学校里，它是一个具有激励作用的俱乐部。有时一些非裔男生认为在学校里表现良好就是要"表现得像白人"，尽管这并不是波士顿艺术学院的主导理念。在几乎所有这些荣誉榜大会上，我们都清楚表明，在接下来的学期中，我们希望在荣誉榜上看到更多非裔男生。我们还要确保对那些在学术课和艺术课上取得长足进步并获得荣誉表彰的年轻人表示赞赏。我们同时也需要注意不忽视女生的成就，我们知道，为了改变荣誉榜上学生的总体结构，我们必须先承认差距，即榜单上男女生之间的数量差距。

通常，在荣誉榜大会结束、获得荣誉表彰的学生及其家人离开之后，我或托雷斯女士会让其他学生留下来继续待一会儿，提醒他们要对同伴取得的成绩感到自豪。在最近的一次大会上，我说："我知道很难坐在这里平静地看别人获得掌声，但我钦佩你们由衷地为朋友加油。我也知道要在波士顿艺术学院进入荣誉榜需要很多努力。但是我认为你们中更多人可以获得这一荣誉，尤其是那些非裔男生，而且我知道你们想要。这很重要，因为你们申请大学时，它将为你们带来机会。"我担心对一群学生这样讲话会有不良影响。一些敏感的学生会不会扭曲我说的话，并认为这些话是对他们的奚落？更糟糕的是，我的某些女学生会不会感到不满，因为我们更关注男生而不是女生？我想象我的学生可能会从各种角度误解我要传达的信息，或者我可能在播种种族比较的负面种子。尽管如此，我仍然感到很重要的一点是学校的校长需要从种族和性别方面具体地谈论学生的成绩。我一直希望并相信我的话会深入人心并带来一些积极的改变。

家长如何与学校一同支持孩子？

有时候，一个学生聪明还不足以取得优秀的成绩，他还需要更多智力以外的东西。家庭的支持也至关重要，公开学生取得的成绩可以帮助巩固家庭与学校之间的联系，从而进一步为学生赢得家庭的支持。

我们的家长协调员会向那些获得荣誉奖提名（成绩是A和B，只有一个C）、荣誉奖（成绩都是A和B）或校最高荣誉奖（全A）的学生父母或其他看护人发送特别邀请。如果时间允许，她甚至会打电话给孩子的家长，因为这是孩子第一次上荣誉榜。有时她会要求我或托雷斯女士打这些电话，因为我们需要学生父母重新安排他们的日程来参加典礼，她知道我们打的电话可能会更有分量。我们知道大多数学生的父母都在工作，因此我们会尽力通知他们，并在午餐时间安排荣誉榜大会。如果父母不能来，我们会请祖父母、年长的亲戚或其他家人来庆祝学生取得的成就，我们有很多父母经常为3到4个学生庆祝。我们也尝试过每年在晚上举办荣誉榜大会。

在荣誉榜大会之后我们举行的一个小型招待会上，我和一个学生达里尔还有他的妈妈坐在一起。他的妈妈非常激动，为他的成绩感到骄傲。"我还以为我不会再见到这一天。整个小学阶段他都表现出色，然后中学成绩就……我不知道原因。他从来没有上过荣誉榜，这真是太好了。我知道我儿子很聪明，现在你们也都知道了。"达里尔笑了。

她告诉我："我不允许他玩电子游戏。我告诉达里尔，'你得证明给我看，你可以取得好成绩。'我知道所有教师都付出了很多，这样他才不会拿C和D。他邀请我参加他上次的演出，但是我不想去，我告诉他，他获得荣誉奖时，我就去参加他的演出。我今天为他感到骄傲。"实际上，我们所有人都为达里尔在高中取得好成绩而进行了共同努力，我们为此感到开心。

招待会期间，我四处走动，与学生和他们的家长聊天，告诉他们我为他们的成绩感到骄傲。我和一群年轻的非裔学生坐在一起，问他们是否可以鼓励另一个朋友下次也上荣誉榜。"是的，也许可以，"内特说，"我的朋友弗雷迪真的很接近了。"

我想知道是什么阻碍了弗雷迪进荣誉榜。内特若有所思，接着他说："我不确定他是否会像我一样学习。"我和内特讨论了弗雷迪是否有机会上荣誉榜。"我想他可以和我一起学习。我经常去图书馆。我们住得很近，我可以去他家或和他一起去图书馆学习。"他保证："下学期，我们俩都会上荣誉榜。"在接下来的学期中，弗雷迪确实上了荣誉榜，波士顿艺术学院给他进行了庆祝。我们还表扬了内特如此真诚地支持了他，内特的父母参加了荣誉榜大会，他们为两个男孩而来。弗雷迪的母亲无法前来，但我们为大会上许多学生家长的出席感到高兴，我们告诉家长们这是弗雷迪第一次上荣誉榜，但我们相信这不会是最后一次。我们确保大会上的每个人都知道弗雷迪从他的朋友和他朋友的父母那里得到了许多支持。后来，弗雷迪几乎每学年都上一次荣誉榜。

城市学校通常必须从头开始为学生家长创造联系和社交机会，而这些往往被中产阶级家庭的学生视作理所当然，对他们来说很常见。这意味着有时我们好像在开办两所学校，一所是为学生，另一所是为他们的家长。实际上，我们确实是。我们尽最大努力，同时向两方发送相同的信息。

我们全年经常与家长和学生们一起举行会议，以确保每个人都能听到有关大学入学要求和助学金申请截止日期的信息。我们不希望学生家长或学生不了解入读具有竞争力的四年制大学的要求。我们认为，向我们学生的家庭讲解这些要求是我们的工作，并且我们试图尽可能地消除整个大学录取过程的神秘感。这些通常是家长和学生必须了解的。父母经常会感到，由于他们没有关于大学录取的第一手信息，甚至对高中的要求也不了解，因此他们无法在子女受教育过程中提供实质性的帮助。但是，由于我们坚持要学生带家长参加这些会议，因此我们开始共享大家所知道的一手信息以及对教育过程的理解。我们希望家长意识到我们将为他们提供支持。

通常，当学生上高中时，他们想与家长保持距离，但是我们的经验表明，如果家长更多地参与进来，学生会做得更好。在最近的一次家长会上，当来自不同社会、经济和语言背景的家长们向我询问我们如何进行SAT备考时，我感到很高兴。如果家长完全不了解，那么他们就很难理解、用心鼓励甚至指导自己的孩子。如果家长不和学生、教师和学校顾问一起参加有关学生在校学习进展的会议，那么我们将无法与家长建立合作关系来支持学生最终取得成功。

成人也有看不见的障碍

当波士顿艺术学院刚开始成立时，创始教师就决心表彰家长的贡献。我们希望家长理解并接受我们的课程、我们的咨询项目以及我们对孩子的期望。我们非常认同家长在子女教育中扮演着重要角色，并且我们要努力引导家长明白他们对学生的成功有着重大影响。我们力求使在教育界和学校中经常流传的口头禅——"家长的参与是很重要的"成为现实。我们认为这里的"家长"不仅仅指的是学生的父母，还应该包括其他"看护人"，因为我们知道我们的许多学生（例如里卡多）并不是由亲生父母抚养的。因此，我们的家长委员会改名为家长—看护人委员会。虽然我们做了一定的调整，但是，我们并没有为种族和阶层对家长—看护人委员会带来的影响做好准备，而这种影响往往会预先决定谁会主导委员会的发展。

我知道许多学校，也许是所有学校，都相信家长参与的力量。我听到我的同事们说："我们确实邀请了家长参加。我们甚至尝试为不讲英语的家长提供口译服务，但是很多时候他们还是没来。很多家长都在做两到三份工作，无法抽空参加。"考虑到调动家长参与有多么艰难，领导者除了提供口头支持还能做些什么？在波士顿，一个名为"将技术带回家"（Technology Goes Home）的公益组织致力于为波士顿居民提供更便捷的网络服务，该组织会在星期六早上为波士顿居民提供计算机培训。完成系统的培训后，他们有资格获得一台电脑。通过这一培训，那些信息技术知识欠缺的家长也许会缩小与其他家长之间的"信息鸿沟"，更好地参与到学生的教育过程中来。对于这一培训计划，我感到兴奋并很支持。同时我也知道，许多学校的校长往往会回避那些最棘手的难题，比如种族、阶层等因素造成成年人之间同样存在的不断扩大的差距。讨论这些难题会使我们感到焦虑并且容易引发矛盾，但实际上，我们必须让家长们直面这些问题——就像我们的学生一样。

在波士顿艺术学院的创办过程中，家长也付出了很多，他们与学校教职工一起共同期望着学校会有一个充满活力且尽心尽力的家长—看护人委员会。我们早期的学校文件中已明确表明其为家长代表机构，该机构将负责传达所有家长的忧虑和想法，并与教职员工合作以确保所有学生都能获得优质教育。家长—看护人委员会参与了学校的战略规划，并选举了学校董事会（学校的管理委员会）代表，为学校提出了许多可行的建议，包括为学校争取政府资助等。

早些时候，我遇到过这样的情景，我一直重视家长参与的力量，却忽视了一些不平等现象，当我意识到这一点，我不得已反思自己的价值观和信念。接下来，我讲这个故事是因为，当我们严肃地提出质疑并面对关于机会获取和公平的问题时，通常没有剧本告诉我们该如何展开行动，也没有明确描述正确答案的答卷。

波士顿艺术学院的创始成员之一桑德拉曾是我们第一届家长—看护人委员会的负责人。桑德拉来自波士顿的一个白人社区，并从政多年。她将自己敏锐的政治见识带到了家长—看护人委员会，并做出了出色的工作，比如带领政府官员访问我们的教学楼，这样他们就会知道并支持我们的努力。她设法给市政府施压，帮助学校完成教学楼的翻新工程。由于她的关系，我们被指定为"市长学校"（Mayor's School），这个称号为我们学校的教育事务赢得了许多便利。

尽管桑德拉在学校成立的头几年帮忙建立了强大而有效的家长—看护人委员会，但是其成员主要是居住在白人社区的像她这样的家长，有几位非裔家长和一位拉丁裔家长。在桑德拉的领导下，家长们参与了学校的方方面面，但是许多对话都偏向中产阶级学生的需要，我和托雷斯女士感到沮丧的是，我们的家长—看护人委员会似乎从未在种族和文化背景方面代表过所有学生。波士顿艺术学院的家长协调员安德里亚·沃伦（她的工作是协助家长—看护人委员会）也感到失望，因为她无力解决家长—看护人委员会成员的种族失衡问题，尤其考虑到她是非裔。

在我们办学的第四年，在一次家长会议开幕式上，家长们报名参加家长—看护人委员会成员竞选。我看了一下这些正在竞选的家长们，感到非常沮丧。在十几名竞选者中，只有一名非裔家长。我转过身问我们的家长协调员安德里亚·沃伦："我要说些什么吗？这看起来不太合理。"

她面露难色，犹豫了许久。终于，她说话了，"好吧，我们已经分发了选票，但我想你应该这样做。我不希望今年我们再一次因为委员会成员构成单一而感到遗憾，我们本能做点什么的。"

我站在家长面前，开始说："和你们一样，我也讨厌在你们即将要投票前这样做，但是我必须请大家环顾整个会议厅，然后看看我们的候选人选。我知道每个候选家长都很棒，并且想为我们学校做出贡献，但我也相信候选人能代表学生群体的多样性是非常重要的。你们知道，在加里蒂法官下令解除种族隔离的'过去'，我们不得不按种族和族裔进行选举。从1974年开始，波士顿公立学校就要求家长委员会要反映出学校社区的种族构成。非裔家长选出他们的代表，白人和拉丁裔家长选出他们的代表。那就是波士顿公立学校那时采取的方式。我们并非总是能从不同族裔中选出家长代表，因此，那时的委员会也不总是具有代表性，但是法律要求我们在种族方面保持透明。一直以来，我们没有和家长们谈太多关于这方面的要求。"然后，我面向家长说明了我们学生群体的人口统计信息。

"我知道我们已经结束提名了，但是我觉得我们需要重新考虑一下候选人名单。在这种场合，作为白人，我们可以想一想，如果我们不采取任何行动，那将会发生什么？如果我们不行动，其他人会参与竞选吗？比如那些以前从来没有考虑过竞选的人。尽管我们之前的家长委员会非常活跃，但4年来这个委员会主要是白人。请不要把我的话理解为对任何人的批评，我想说的是，在这所学校里，家长委员会以白人为主似乎是不正确的，那代表不了我们所有的学生与家长，在我看来，我们能够改变这一点，我们真的需要听到你们所有人的声音和观点。"

"现在，琳达……"贝蒂开始说。我认识贝蒂很久了，我教过她的孩子、她的侄女和侄子。她是一位非裔妇女，一直在积极参与孩子的教育。"一旦提名结束，你们就不要弄乱这个流程。你们需要在此之前说几句，现在为时已晚。"她说完这句话之后坐了下来。我的脸颊因为尴尬而有点发烫，贝蒂当然是对的。自我认识她以来，她从未公开批评过我。我能感觉到房间里的紧张气氛和家长的愤怒值快要达到顶点。

突然，鲍勃从座位上跳了起来，说道："我敢肯定你的所作所为是非法的，这是一次家长选举，即使是作为校长，你也不能扰乱整个流程。这让我很生气，你没有权利这么做，我们可以将你告上法院。你可以把委员会成员的位置直接拿去给任何想在委员会任职的人。这样，你甚至都不需要投票。继续吧，任命任何一个不是白人的人，因为这显然是你要做的事情。所谓的选举公平也就这么回事。"鲍勃冲出房间，一些白人家长起身和他一起离开了。米奇留下了，我和她对视了一下，她低下了头。她的一个孩子一年前毕业，她是学校家长—看护人委员会成员，鲍勃也是她的朋友，我敢说她当时一定不想和我扯上关系。

我转头看向家长协调员，看她是否愿意干预。作为一个非裔女性，她现在看起来和我一样无奈。我们似乎都不知道该怎么办。

在这似乎没有尽头的窘迫时刻，孩子刚入校的非裔家长帕梅拉开口了，"我以前加入过家长委员会，通常我是唯一的非裔家长。今晚我没有参加竞选，因为我是新家长，我想花一年的时间来了解这所学校。另外，由于学校里面有超过75％的学生是非裔或拉丁裔，所以我认为这些学生的家长应该更多地参与到委员会事务中。多年来，这对我们来说总是很难实现。我们没有在这个国家竞选公职的传统，我们总是在外面观望。同时我确实相信这所学校会有所不同。我知道今晚的过程很糟糕，但是我建议我们再公开提名一次。现在我们已经大声说出来了，我们希望更多的非裔和拉丁裔家长竞选。如果我们再次公开提名，我会报名参加竞选。"

令我惊讶的是，贝蒂挣扎着站起来之后说道："我提议，我们再次公开提名。"一位站着的自荐选举的白人家长支持提议。他坐了下来。

家长协调员说："好吧，让我们重新开始。谁想提名自己？"

米奇站了起来，"我已经在委员会3年了，我认为我做得很好，为学校做了很多事情。内森女士总是打电话给我，因为我有很多人脉，但我不打算竞选了。内森女士也许认为我没有什么可以贡献了。因此，我将撤回提名。"她坐下了。我感觉很糟糕，鲍勃离开了，米奇显然很生气。我该怎么做呢？在我进行思考和自我批评的时候，帕梅拉提了自己，贝蒂也是，其他4名非裔妇女也是。突然之间，候选人名单看起来与以前大不相同。

当候选人进行自我介绍时，我站在米奇附近。她显然不希望跟我讨论或有接触，但我感到，如果我只是站在她旁边，她可能会觉得我仍然非常尊重和赞赏她代表学校所做的工作。在那种时刻，这个姿态是我唯一能想到的。

我们选出了家长—看护人委员会，其中70%的成员是非裔和拉丁裔家长。会议结束时宣布了几则公告，然后我发表讲话："我为今晚的工作感到非常抱歉。我知道我激怒了很多人，但我对选举的结果感到高兴。我们的学生会看到更多的非裔和拉丁裔家长参与到学校中来并担任领导职务，这对我们正在开展的工作非常重要。我并不是要贬低任何人的贡献，我们将努力让每个人都参与其中。感谢你们今晚来这里。"

鲍勃给家长—看护人委员会发了一封愤怒的电子邮件，指出我的所作所为是非法的，并且他正在考虑起诉学校。他说，选举应该作废，我们都应该重新团结起来，重新开始，而我不能在场。他没有从委员会其他成员那里得到太多回应。一位非裔家长感谢我的发言，但他建议，将来我可以邀请其他家长来传达信息，这样就不会有人对我发脾气了。

我问自己是否由家长来传达我的想法会更好？我这么笨拙地在如此不恰当的时机传达了这样的想法。我不这么认为。我认为当事情进展不顺利时，我作为一个权威人物进行干预，这一点很重要。我再也无法在一个几乎全是白人的家长委员会面前"保守秘密"了。我们难道能因为害怕惹恼家长或使他们尴尬就不采取行动吗？或者因为我们感到尴尬和恐惧就不行动吗？我的行动对某些家长来说似乎是不顾他人感受的，甚至可能是非法的，但却改变了家长—看护人委员会成员选举的过程。自那年以来，我们的委员会就非常多样化。我们也经常谈及那场有突破性的选举，我在每次委员会会议开始时都强调成员多样性的重要性以及我们如何努力实现这一多样性。我认为让家长了解我们的历史至关重要，这样我们就不会再走上老路。有一年，一位家长甚至问："在这里还有多样性方面的问题吗？"她正在看着一个由不同种族和性别的成员组成的家长一看护人委员会。

一位非裔家长作为联合主席回答说，"好吧，波士顿艺术学院是美国的一个缩影，我想说种族、阶层和性别问题是很复杂的，需要不断关注。"这位家长继续问："我们真的是打乱社会阶层混合的吗？有特殊教育需要的学生的家长呢？不以英语为母语的家长在哪里？是的，我要说在多样性方面仍存在问题，我们最好继续努力。"

围坐在桌子旁的家长纷纷点头，一位非裔家长瓦内萨说："我们需要经常听听孩子们的想法，他们谈论这所学校的学生混合情况，他们也谈论挑战，谈论他们喜欢什么和不喜欢什么。但他们知道，这里关于多样性的讨论比其他任何地方都多。"

米奇也坐在桌旁，"你们知道我今年也没竞选家长委员会。我之前加入过家长委员会。但是现在我在政治行动委员会任职。你们知道我为什么不加入家长委员会吗？"她直接看着我。我想到了几年前的那次会议。"几年前我听你说让其他人在竞选时向前一步时，我很生你的气。我以为你不在乎我能带给学校什么。我撤回了提名。我非常讨厌你制造了这么紧张的局面。波士顿的很多事情与种族有关。我们在这里的大多数人都是在废除种族隔离的背景下长大的。这是我们过去的一部分，这是痛苦的，也让人很难堪。骚乱期间我搬去了南波士顿。我仍然住在这里，但我始终认为每个人都是一个个体。几年前，当你像这样与我们交谈时，你并不认为我们是个体，就像在公交车上一样，我们只是种族团体，你让我们觉得我们没有什么可贡献的，但是我还在这里，我发现了其他参与学校事务的方式。"

我想拥抱米奇，她不喜欢我说的话，也不喜欢我说出那些话的时候，但是她现在的举动比过去的反应更能说明问题。她已经退了一步，她那时和现在都没有竞选加入家长—看护人委员会。但是她没有退缩，而是一直参与到学校事务中来。实际上，她领导着我们的政治行动委员会。她帮助组织了一次谢师活动。她参加了家长—看护人委员会会议和学校董事会会议，但没有投过票。她确保其他外表或生活背景不像她的家长都在委员会中，她理解并表现出联盟行为的复杂性，即白人将自己置于其他位置以支持非白人族裔。

作为白人领导，我不得不谈及自己那年为了改变我们委员会的面貌所做的事情。提供竞选机会并不总是意味着保持现状，虽然改变可能会带来很大的威胁、复杂和困难的情况，但犯错也可以是富有成效的学习经历。在家长—看护人委员会选举中，我意识到我必须使某些群体保持沉默，以便使其他群体发声。对我来说，那就是让不同种族的家长公平参与的机会。

我想成为一名听取所有人意见并为所有人提供平等机会的校长，但这显然不适用于我们之前的家长—看护人委员会选举。我应该只是站在旁边，希望情景有所不同吗？还是像我们的教师工作一样，我是否有义务提供有关数据并对这些问题开诚布公？为了平等参与的机会，要明确说明这里发生了什么吗？当我想到自己说出那些想法的糟糕时机和过程时，我仍然感到脸颊发烧。但是今天，我们委员会的多样性和实力让我意识到这些痛苦回忆都是值得的。去年，在委员会几乎没有拉丁裔代表的情况下，经过多年的发展，我们有了第一位拉丁裔联合主席。来自不同背景的所有家长都在庆祝这一重要成就。

我们从这里走向哪里？

当前教育结构的成功似乎是基于奇迹的神话。一个又一个的故事讲述了有远见的教师、辅导员或管理人员为某个学生或班级做了很多来对抗糟糕的状况。要成为一个好的教师、辅导员或管理人员，你必须是一位奇迹创造者，这已成为公认的智慧。你必须亲自将学生从贫困中带入中产阶级。

我不同意。我们在波士顿艺术学院的经验告诉我们，我们在城市教育中的工作要比为一个特定的学生做任何一件简单的善举或创造奇迹要复杂得多。我们尊重所有学生的背景，同时提高他们获取机会的技能，这些机会与他们已知的机会是截然不同的。在贫困和受教育程度低的压迫条件下长大的太多年轻人忽视了尝试"成功"的可能性。我们听到年轻人冷静而现实地谈论这样的"事实"，即教育无论如何都不能保证一份好工作，或者无论多么努力，艰辛是他唯一的回报。我们的孩子从家长、周围环境和生活经历中学到了这些"事实"。我们作为教师的工作是试图说服我们的孩子，那些看起来难以获得的机会和社会物品，经过艰苦的工作和准备，会成为他们的东西。我们希望为他们提供另一组事实——真正的事实。

我们的学生完全了解当前的权力准则——关于谁"在学校做到了"或获得了"好工作"，又或者进入了"好大学"。解决我们学校提高升学率问题的方法不是责怪孩子、教师或家长，也不是指责贫穷、暴力或种族。这与标准化的测试无关，它涉及弄清楚如何在整个学校以及我们的课堂中谈论种族、阶层、性别、语言和文化。要找到解决方案，必须涉及新的流程、实践和结构，这些流程、实践和结构将打破那些定义阶层和种族特权的权力准则，这些在过去曾损害了许多学生并拒绝给他们提供机会。这些解决方案包括明确地讲授可用的机会，包括获取可用机会并创造新机会所需的技能。

当我们认为我们已经解决了有关获取机会的所有可能问题时，还会有其他问题使我们感到困惑。在了解我们的学生和家长的相关背景时，我们必须保持警惕。我们必须清楚地了解他们是谁、来自哪里、家庭组成看起来如何，以及他们的家庭对大学录取过程和权力准则适应与否。在波士顿艺术学院，我们已经通过桑妮塔、里卡多和其他许多人的失败意识到，仅凭大学申请机会是不够的。从表面上看，桑妮塔和里卡多都有机会去心仪的大学。他们已经取得了一定成绩，并值得被著名大学录取，但我们作为他们的教师和管理人员，还没有完全理解他们面临的障碍。

波士顿艺术学院永远不敢说："我们明白了！现在，我们了解了如何为学生提供进入大学的机会以及如何对抗种族主义和阶级主义。"但是，可以说，与24年前相比，我们现在对学生会遇到的雷区了解得更多。我们更加自觉并坚定地致力于帮助我们的学生避免由于我们未能认识到他们面临的隐形障碍而陷入陷阱。

　　我们很高兴学校95％的学生都上了大学。就读四年制大学的学生人数比我们刚开始办学时要多。同样让我们感到高兴的是，与早年相比，留在大学攻读学位的人更多了。这都是好消息，但还不够。我们太多的学生出于经济原因离开大学，太多的学生上大学时离自己的家庭住处太近，以至于他们无法完全沉浸在大学环境中。

　　正如弗莱雷在20世纪60年代初期所写的，教育即解放。我们太多的学生仍然不理解这一点。那时候世界各地所说的希望就是文字、阅读的力量可以改变一个世界。这是也我们在波士顿艺术学院的目标，书是我们的武器。我们以各种不同的方式和形式将它们交到年轻的艺术家和学者手中。我们日以继夜地工作，以使我们的年轻人相信，完成高中，继续上大学或开启职业生涯是获得自由和充实生活的门票。我们还为学生提供了最新的统计数据，这些数据表明，持有学士学位的人比只有高中文凭的人收入高70％。自由是指做出明智的选择，树立自己的目标，成为变革的推动力或有决定权，从而能够决定自己的生活方式。这就是为什么我们努力使学生获取机会就像穿上一件衣服一样，能轻松自在地做到。我们的学生正在学习如何推倒阻碍他们太久的墙。

　　我们知道，是否受过教育已成为美国人的一种重要分类参照。我们看到了学生们每天都面临的不平等问题。我们的责任是确保他们能够知道那些隐形的进取机会。这项艰巨的工作要求我们进行困难、尴尬和愤怒的对话，就像我当初在家长—看护人委员会所做的那样，同时远远超出了学校的日常实践和职责范围，还要求我们接受这一点，即作为城市教育工作者，无论我们是否愿意，这都是我们工作的一部分。如果我们相信，正如我们所做的那样，解放对我们的学生来说是可能的，以及解放是获得高等教育和为高等教育做准备的代名词，那么摆在我们面前的工作就很清楚：敞开大门是远远不够的。如果我们要改变现状，那么"愤怒"肯定会成为我们的伙伴，并且我们必须通过我们的行动和我们的言辞坚决让桑妮塔和里卡多这样的学生以一切可能的方式进入这个充满机会的世界。

结语：教育永远是最好的投资

波士顿艺术学院10年级人文课正在学习一个有关移民的单元。他们读了一则回忆录的摘录，其中描述了移民抵达新国家后发生的身份冲突。学生们探索了自己的移民传统，今天的活动是通过版画制作艺术品，以展示学生自身身份的不同方面。

海蒂从小型印刷机上取出了印刷品，她的笑容很快变成了皱眉。"啊！"她哭了，"这真是一团糟！太丑了。"她把作品扔到干燥台上。

她的人文教师轻轻地走近她，"让我看看，海蒂。"

"这太愚蠢了，这与我的身份毫无关联。你甚至都看不到波多黎各国旗，也根本看不出这些是音符。只要给我F就可以了。我从来都不擅长美术，我是个学音乐的。"海蒂跺着脚，独自一人坐着。

视觉艺术学科负责人马什女士碰巧在教室里，她走到海蒂身边，"你能给我看看你的画吗？"海蒂又解释了一遍，指出音符现在是一团蓝色而没有清晰的轮廓，波多黎各国旗的线条也不像海蒂想要的那样干净。

马什女士问道："你是学音乐的，对吗？"因为她从海蒂9年级开

181

始就认识她，"你需要在合奏组或乐队中精确演奏，如果你出错了，观众就会立即听出来，感觉整个音乐听起来很刺耳。"海蒂点点头表示同意。

马什女士继续说："版画制作也需要精确度和符合规定的技术，但是我们可以在艺术创作中发现不一样的意图。有时，我们预设的意图或期望会使我们感到失望。你想要干净的线条，你就会为没有得到这种线条而生气。但是我们从视觉艺术中学到的是，有时我们需要让这个创作过程带我们到另一个地方。"

马什女士握着海蒂的手腕说："我们从这里开始，"她坚定地将海蒂的手臂放在空中，"然后我们到这里结束。"马什女士引导海蒂的手臂弯成弧形，海蒂的目光跟随着她的手臂走过的路线，"这是我们没有计划的地方，甚至是我们可能还不了解的地方。"

"看看这些音符，"马什女士将海蒂的注意力转移到印刷品上，"我在这里看到阴影，而不是斑点。我想知道那个阴影对你来说代表什么。"

在马什女士还要说话之前，海蒂打断了她，"哦，看那个旗帜，看看它是怎么弄脏的。是的，我不想要那样，但这与我的身份展示有关，通过它，我或许可以传达出我现在不再居住在波多黎各了，而是在岛上和波士顿这两个地方。"

"是的，"马什女士说，"这就是允许创作过程将你带到另一个地方的意思。那么，你如何利用印刷品来诠释这个想法呢？你能用这些音符做什么？"

海蒂开始头脑风暴，想办法用黑色的笔在音符周围勾勒出阴影，甚至将其立体化。当她分享自己的新想法时，另一位同学走近她说：
"我喜欢你的印刷品，我真的很喜欢所有东西都交汇在一起的方式。"
海蒂对马什女士笑了笑。

在波士顿艺术学院的艺术课和学术课上，教师和学生之间的这种
小插曲经常发生，结果并不总是好的。有时，学生们会大发雷霆，而
此时此刻，教师无法引导他们回归积极的、正常的上课状态。但是，
教师往往能够重新指导学生，并帮助他们找到解决问题的方法或作业
中的不足之处，以取得新的成功。

有的时候，虽然教师做了所有该做的，学生仍然出错。他们缺乏
判断力，作为教育工作者，我们认为我们正在教他们提高判断力。不
幸的是，这些案例并不像我希望的那样是个别出现的，但是在它们让
我们突然停下来时，同时也使我们想起我们（学生和教师）努力争取
的条件，并且这些条件能证明对我们来说有太多难题要去克服。

里卡多毕业后，虽然错过了所有助学金申请截止日期，但他仍然
决心上大学，他梦想成为一名建筑师。他在一家设计公司工作，打了
一年的杂工，然后回来找海尔斯顿女士，寻求大学助学金申请的帮
助。他被录取到一所两年制大学并获得了助学金，既工作又上学，教
师们为他感到骄傲。他的顾问与他保持着密切联系，一直跟进他的进
展。里卡多在制图课上表现出色，但由于他需要工作很多小时，所以
在出勤方面表现不好。

当他的祖母打电话给波士顿艺术学院寻求帮助时，我感到很惊
讶。"我不知道该打给谁，"她哭着对我说，"你们都是他的家人，我
不知道他为什么这样做。"她告诉我说她的孙子因携带上了子弹的武

器而被捕。尽管他没有开枪，但他现在已入狱。"他正在上大学。他为什么这样做？我告诉他关于他的那些朋友没有正式工作的事情。我告诉他，如果他不坚持上课和工作，他最终会像他们一样，这样不好，但是他从来不听我说。"

我不知道该说些什么，脱口而出的是："听到这个消息我很难过，也觉得很遗憾。"我想在电话的另一端哭泣。这怎么可能呢？里卡多有巨大的潜力，并且为追求成功而竭尽全力。出了什么问题？我们波士顿艺术学院的很多人一直在为他请愿。我问能否打电话给他的律师，也许如果我写了一封有关他的性格和我对他的潜力的判断的信，这对他的案情会有帮助。

"我非常感激。"他的祖母叹了口气，"我只是累了，"她继续说道，"我的身体不好，我甚至无法赶上开庭日期，但是你们的来信……"她的声音哽咽，"或因为他在那儿表现很好，这将对案件有所帮助。"我还问能否去监狱里探望他，他的祖母把我列在访客名单上。

里卡多的律师认为，我用带有学校抬头的信纸写的信以及学生支持部负责人麦卡菲里写的信会有所帮助。由于里卡多以前没有犯罪记录，所以也许他不会面临太严厉的惩罚。我想知道他是否还有助学金以及是否会完成大学学业。

我在监狱里短暂地探视他使我感到沮丧，他眼中常有的光亮消失了，似乎老了几岁，他的肩膀下垂，看上去也没什么想说的。"为什么？"是我唯一能问的问题，他回答说："我不知道。我只是没想过会这样。"我能感觉到他的羞愧，他似乎并不希望我在那里。我试图闲聊，"你的祖母能来见你吗？"

"不能，她身体不好。"里卡多回答。

我告诉他前几天我在波士顿艺术学院见到他的一些高中同学。"是的，我听说迈克过得很好。"他若有所思地说。

"我们都在为你打气，"我最后向他保证，"关于你的性格，我写了一封很有说服力的信，麦卡菲里先生也写了，也许这将有助于减少你的刑期。"

"谢谢你们的帮助。我知道这听起来不现实，但是如果我能回到过去并改变一切，我愿意去做。在波士顿艺术学院，我表现得很好，但现在已经毁了。我知道那里的每个人对我有多大帮助。"

"麦卡菲里先生将尽力在你开庭时到庭，你祖母会通知我们什么时候开庭。"里卡多点头表示感谢，似乎无话可说了。

法官对里卡多很宽容，他获准保释，并被缓刑，但他像变了一个人，更加冷酷无情、愤世嫉俗。当然，他错过了太多的课程，无法在那个学期重返学校。麦卡菲里先生打电话给他，并提醒他，他仍然可以重返学校。里卡多说他有账单要支付，并且需要工作。他欠祖母和其他人交保释金的钱。他没有回到大学。他再也不回麦卡菲里先生的电话了，他似乎决定要离开。

艺术没能留住里卡多。我们、他的教师都没能做到。尽管如此，里卡多的行为并没有改变我们仍然很在乎他，并希望他变得更好这一点。虽然我感觉到里卡多已经放弃了真正追求事业的希望，但我没有，麦卡菲里先生或海尔斯顿女士也没有。我们一直希望再次见到他，再次建立联系，以帮助里卡多找到重返大学的途径。有时，我们就像西西弗斯，石头一跌落，就不断将其推回山上，这几乎把我们压垮了，但是我们不能承受在惨淡和绝望中受折磨。我们的学生对我们很重要——每个学生都是，我们互相告诉彼此说："只要我们中有一个人还有呼吸和力量，我们就不会放弃我们的孩子们。"虽然这听起来像传教士那般热情饱满，但我们知道我们无法"救助孩子们"。我们坦诚公开地承认，我们可能不会成功，但我们会继续努力。

我主张在所有学校中都开设有活力的艺术教育课程。更广泛地说，我认为成功的学校要代表学校组织中每个人都可以识别、描述和认同的东西。我可以想象出许多不同的途径——科学、健康、身体健美、社会公正或所有这些，又或是其中一些的结合，我们的学生们正在等待我们成年人来带头。这些年轻人知道，他们目前的学校并不够好，他们想要有认同感，想被赋予力量，想去表达自己的激情，但是他们中太多人所生活的环境不允许他们这样做。

波士顿艺术学院在艺术领域的扎实基础使我们所有人都得以不断重新构想我们的学校，尽管周围存在许多制约因素。关于学校结构的难题；师生关系；课程设置；评估方式；家庭参与；种族、阶层、语言和文化问题；专业学习共同体的作用——都是我们长达24年的发展过程中的关注重点。艺术为我们提供了一种建设性的方式来描述我们的教育思想和实践。

我希望波士顿艺术学院的故事可以为其他教育工作者提供机会去辩论自己的成功之处，以及发现教育行业的绊脚石。如果我在波士顿艺术学院学到了什么，那就是改变只能来自不断的提问。正如人们常说的那样："变革很难，你要先行。"我希望引起并激发读者提出新的问题。

我相信，尽管当前有种种弊病影响着我们的学校，但我们这些从业者仍然能战胜当前的困难，找到提高学生成绩的可能性。虽然我们国家的学校有很多问题，但是我们必须坚持那些能真正提高学生成绩的时刻。如果不是一直有机会来思考和提出问题，并寻找一些最棘手问题的答案，我们学校的教育工作者将无法周到且有效地参与最重要的讨论：如何缩小成绩差距。

而且我相信，讲一所学校的故事将为建议开发新政策打开一扇门。让我感到高兴的是，在波士顿艺术学院，我们没有让限制因素来阻止我们的改革之旅。当然，由于我们是试点学校，我们已经从中受益并获得了更大的自由度，但我的希望是，我们的故事会激发其他教育工作者要求类似的工作条件。

我向所有教育工作者和政策制定者提供以下建议，希望它们可以成为漫长而又艰苦的对话的开始：

● 为学生、家长和教师制定一个有助于积极参与和掌握教育过程的明确策略。

● 调查将基于艺术、科学或技术的课程纳入每所高中的可能性。

● 学生需要做出严格缜密的毕业设计，该设计必须能够成功反映出学生学术和非学术课程的学习情况。

● 建立一个评估系统，该评估系统不能仅通过标准化测试的结果来评判学生的成绩和知识水平。

● 规定出带薪的时间让教师谈论他们的教学实践和学生，以及谈论他们如何与困难的问题作斗争。

● 提倡教育设施的均衡化发展，扩大课程选择机会，缩小班级规模，从而为每个学生提供必要的教育和技能训练。这必然要投入更多的资金！

在波士顿艺术学院，全体教职员工共同完成了所有这些工作，但毫无疑问，我的读者会提出自己的建议。

我们为学生有能够跨越种族、文化和阶层障碍进行沟通的能力，同理心以及知道如何做正确的事情感到自豪。我们希望我们所有的学生都有良好的考试成绩，希望他们在大学和职业生涯中取得成功。但最重要的是，我们希望他们理解融入更大的组织的意义。他们的确做到了：他们参加当地的戏剧作品表演，与新伙伴共舞，在不同行业工作或者继续深造。我们将他们视为整个城市艺术组织中的导师和榜样。他们是下一代的艺术教育工作者、下一代的教师、下一代提出棘手问题的年轻人。

学生们之所以能够取得成功，很大程度上是因为他们在波士顿艺术学院的教师具有韧性，虽然学生一次又一次地失误，他们仍会继续投入时间和精力来指导和再次指导他们。

教职员工可以从彼此和他们的学校组织中获得力量。教师互相支撑，他们不断告诉彼此，他们的学生将继续前进，即使出现里卡多这样的情况，也无法击败教师们。他们可能会有挫败感，但不能被真正打败。他们继续以艺术家和学者的身份创造自己的作品。他们坚持不懈。

慢慢地，教育界其他人也开始认识到我们的教师在积极创新并向他们学习。我们的教师因教学和指导方面的卓越成就而屡屡获奖，并且针对我们学校的大量客观研究都描述了这些敬业的教师的工作。

面对缺乏资金、无法充分反映学生成绩的考试、缺乏专业发展的时间以及决策与实践完全脱节等情况，教育工作者要坚持寻求成功需要很大的勇气。我写这本书就是为了讲述关于这种勇气的故事，关于我们在波士顿艺术学院如何探索并发现了新的视角。波士顿艺术学院的一名男校友、布朗大学的毕业生最近对我说："我可以证明波士顿艺术学院的教育是有效的，我们只需要不断地告诉人们这一点。"因此，我正在做这件事。

致 谢

在我的第一间教室里，我在墙上贴上了我最喜欢的一首西班牙诗人安东尼奥·马查多的诗，它每天都在提醒我为什么进入教育行业。

Caminante,

No hay camino

Se hace el camino al andar

我笨拙地将它翻译为：

旅行者，

无路可走时

走出自己的路。

最后那行一直激发着我的想象，可以将其理解为"一个人"以特别个性化的方式开创了这条路，或"我们"一起走出我们的路，两种解释我觉得都可以。

我当时并不确定我是否能坚持完成这本书，但我很幸运，在创作旅途中得到了非凡的鼓励和配合。我的丈夫史蒂文·科恩每天都给我提供许多支持和关爱，即使我激怒了他！你是我认识的最好的教师。我的父母珍和大卫，是出色的啦啦队队长。他们提醒我要保持幽默感，并在每一步都给我宝贵的建议。

感谢与我一起工作的许多人——正式和非正式的编辑，读者，顾问和写作指导：阿伯迪·阿里、安娜·克拉克、山姆·科恩、史蒂夫·科恩、吉尔·戴维森、杰西卡·戴维斯、苏珊·希思、斯旺妮·亨特、安迪·赫尔西娜、吉尔·肯尼林、萨马拉·洛佩兹、希拉里·马多克斯、莎拉·梅珀、黛博拉·迈耶、埃德·米勒、安·莫里兹、亚历克西斯·里祖托、卡罗尔·萨尔兹、艾琳·摇矛、泰德和南希·塞泽、苏珊·韦伯。

本书是基于维托最初的想法而诞生的：实际上，我可以写出别人想阅读的经验和故事。如果不是因为维托，我可能不会遇到黛比、安·库克和其他许多在我的工作中发挥了重要作用的人。

我最好的朋友珍妮·沃德每一次知道了我在写作上遇到的困难后，都会提出解决方案。感谢你的指导、坚定的支持和关爱。没有你，我无法解决这些难题。

一位聪明的朋友告诉我："如果我们不讲自己的故事，其他人会讲。"我希望我有幸与之一起工作的教师、校长和家长可以在这里看见他们自己，看到他们的想法和他们的故事。

所有人都希望得到最好的"合作伙伴"……感谢拉里·迈亚特和

卡门·托罗斯带来的友谊和乐趣。

阿比盖尔·布恩·施默是我合作过的最鼓舞人心的教师之一，她总是能理解最困难的问题往往是最重要的问题。

艾米·沃尔德曼比我更早对这本书充满信心，我希望她会读这本书。

波士顿艺术学院董事会和基金会也以很多方式对我和学校给予了支持，感谢你们每一位如此慷慨地奉献你们的时间、才华、财富和智慧。这所学校完全反映出了你们的核心价值观和激情。

感谢所有波士顿艺术学院的初创教职员工、教了我很多的芬威高中的教师们以及波士顿艺术学院的所有现任教师、家长和学生。你们中的许多人都出现在了这些文字中，并且许多人已经阅读了一些草稿。在有些案例中，我使用了你们的真实姓名；在很多案例中，我隐藏了个人的身份。希望我能够些许代表大家的声音。

"常青藤"书系—中青文教师用书总目录

	书名	书号	定价
特别推荐——从优秀到卓越系列			
★	从优秀教师到卓越教师:极具影响力的日常教学策略	9787515312378	33.80
★	从优秀教学到卓越教学:让学生专注学习的最实用教学指南	9787515324227	39.90
★	从优秀学校到卓越学校:他们的校长在哪些方面做得更好	9787515325637	59.90
★	卓越课堂管理(中国教育新闻网2015年度"影响教师的100本书")	9787515331362	88.00
名师新经典/教育名著			
	最难的问题不在考试中:先别教答案,带学生自己找到想问的事	9787515365930	48.00
	在芬兰中小学课堂观摩研修的365日	9787515363608	49.00
★	马文·柯林斯的教育之道:通往卓越教育的路径(《中国教育报》2019年度"教师喜爱的100本书",中国教育新闻网"影响教师的100本书"。朱永新作序,李希贵力荐)	9787515355122	49.80
★	如何当好一名学校中层:快速提升中层能力、成就优秀学校的31个高效策略	9787515346519	49.00
	像冠军一样教学:引领学生走向卓越的62个教学诀窍	9787515343488	49.00
	像冠军一样教学2:引领教师掌握62个教学诀窍的实操手册与教学资源	9787515352022	68.00
★	如何成为高效能教师	9787515301747	89.00
★	给教师的101条建议(第三版)(《中国教育报》"最佳图书"奖)	9787515342665	33.00
★	改善学生课堂表现的50个方法(入选《中国教育报》"影响教师的100本书")	9787500693536	33.00
	改善学生课堂表现的50个方法操作指南:小技巧获得大改变	9787515334783	29.00
	美国中小学世界历史读本/世界地理读本/艺术史读本	9787515317397等	106.00
	美国语文读本1-6	9787515314624等	252.70
	和优秀教师一起读苏霍姆林斯基	9787500698401	27.00
	快速破解60个日常教学难题	9787515339320	39.90
★	美国最好的中学是怎样的——让孩子成为学习高手的乐园	9787515344713	28.00
	建立以学习共同体为导向的师生关系:让教育的复杂问题变得简单	9787515353449	33.80
教师成长/专业素养			
	让每个孩子都发光:赋能学生成长、促进教师发展的KIPP学校教育模式	9787515366852	59.00
	60秒教师专业发展指南:给教师的239个持续成长建议	9787515366739	59.90
	通过积极的师生关系提升学生成绩:给教师的行动清单	9787515356877	49.00
	卓越教师工具包:帮你顺利度过从教的前5年	9787515361345	49.00
★	可见的学习与深度学习:最大化学生的技能、意志力和兴奋感	9787515361116	45.00
	学生教给我的17件重要的事:带给你爱、勇气、坚持与创意的人生课堂	9787515361208	39.80
★	教师如何持续学习与精进	9787515361109	39.00
	从实习教师到优秀教师	9787515358673	39.90
	像领袖一样教学:改变学生命运,使学生变得更好(中国教育新闻网2015年度"影响教师的100本书")	9787515355375	49.00
★	你的第一年:新教师如何生存和发展	9787515351599	33.80
	教师精力管理:让教师高效教学,学生自主学习	9787515349169	28.00
	如何使学生成为优秀的思考者和学习者:哈佛大学教育学院课堂思考解决方案	9787515348155	49.90
	反思性教学:一个已被证明能让教师做到更好的培训项目(30周年纪念版)	9787515347837	59.90
★	凭什么让学生服你:极具影响力的日常教育策略(中国教育新闻网2017年度"影响教师的100本书")	9787515347554	28.00
	运用积极心理学提高学生成绩(中国教育新闻网2017年度"影响教师的100本书")	9787515345680	39.80
	可见的学习与思维教学:成长型思维教学的54个教学资源:教学资源版	9787515354743	36.00
★	可见的学习与思维教学:让教学对学生可见,让学习对教师可见(中国教育报2017年度"教师最喜爱的100本书")	9787515345000	39.90
	教学是一段旅程:成长为卓越教师你一定要知道的事	9787515344478	39.00

书名	书号	定价
安奈特·布鲁肖写给教师的101首诗	9787515340982	35.00
万人迷老师养成宝典学习指南	9787515340784	28.00
中小学教师职业道德培训手册：师德的定义、养成与评估	9787515340777	32.00
成为顶尖教师的10项修炼（中国教育新闻网2015年度"影响教师的100本书"）	9787515334066	35.00
T. E. T. 教师效能训练：一个已被证明能让所有年龄学生做到最好的培训项目（30周年纪念版）（中国教育新闻网2015年度"影响教师的100本书"）	9787515332284	49.00
教学需要打破常规：全世界最受欢迎的创意教学法（中国教育新闻网2015年度"影响教师的100本书"）	9787515331591	45.00
给幼儿教师的100个创意：幼儿园班级设计与管理	9787515330310	39.90
给小学教师的100个创意：发展思维能力	9787515327402	29.00
给中学教师的100个创意：如何激发学生的天赋和特长 / 杰出的教学 / 快速改善学生课堂表现	9787515330723等	87.90
以学生为中心的翻转教学11法	9787515328386	29.00
如何使教师保持职业激情	9787515305868	29.00
如何培训高效能教师：来自全美权威教师培训项目的建议	9787515324685	39.90
良好教学效果的12试金石：每天都需要专注的事情清单	9787515326283	29.90
让每个学生主动参与学习的37个技巧	9787515320526	45.00
给教师的40堂培训课：教师学习与发展的最佳实操手册	9787515352787	39.90
提高学生学习效率的9种教学方法	9787515310954	27.80
优秀教师的课堂艺术：唤醒快乐积极的教学技能手册	9787515342719	26.00
万人迷老师养成宝典（第2版）（入选《中国教育报》"2010年影响教师的100本书"）	9787515342702	39.00
高效能教师的9个习惯	9787500699316	26.00
课堂教学/课堂管理		
让教师变得更好的75个方法：用更少的压力获得更快的成功	9787515365831	49.00
技术如何改变教学：使用课堂技术创造令人兴奋的学习体验，并让学生对学习记忆深刻	9787515366661	49.00
课堂上的问题形成技术：老师怎样做，学生才会提出好的问题	9787515366401	45.00
翻转课堂与项目式学习	9787515365817	45.00
优秀教师一定要知道的19件事：回答教师核心素养问题，解读为什么要向优秀者看齐	9787515366630	39.00
从作业设计开始的30个创意教学法：运用互动反馈循环实现深度学习	9787515366364	59.00
基于课堂中精准理解的教学设计	9787515365909	49.00
如何创建培养自主学习者的课堂管理系统	9787515365879	49.00
如何提高课堂创意与参与度：每个教师都可以使用的178个教学工具	9787515365763	49.90
如何激活学生思维：激励学生学习与思考的187个教学工具	9787515365770	49.90
男孩不难教：男孩学业、态度、行为问题的新解决方案	9787515364827	49.00
高度参与的线上线下融合式教学设计：极具影响力的备课、上课、练习、评价项目教学法	9787515364438	49.00
跨学科项目式教学：通过"+1"教学法进行计划、管理和评估	9787515361086	49.00
课堂上最重要的56件事	9787515360775	35.00
全脑教学与游戏教学法	9787515360690	39.00
深度教学：运用苏格拉底式提问法有效开展备课设计和课堂教学	9787515360591	49.90
一看就会的课堂设计：三个步骤快速构建完整的课堂管理体系	9787515360584	39.90
如何有效激发学生学习兴趣	9787515360577	38.00
如何解决课堂上最关键的9个问题	9787515360195	49.00
多元智能教学法：挖掘每一个学生的最大潜能	9787515359885	39.90
探究式教学：让学生学会思考的四个步骤	9787515359496	39.00
课堂提问的技术与艺术	9787515358925	49.00
如何在课堂上实现卓越的教与学	9787515358321	49.00
基于学习风格的差异化教学	9787515358437	39.90

书名	书号	定价
★ 如何在课堂上提问：好问题胜过好答案	9787515358253	39.00
★ 高度参与的课堂：提高学生专注力的沉浸式教学	9787515357522	39.90
让学习变得有趣	9787515357782	39.00
★ 如何利用学校网络进行项目式学习和个性化学习	9787515357591	39.90
基于问题导向的互动式、启发式与探究式课堂教学法	9787515356792	49.00
如何在课堂中使用讨论：引导学生讨论式学习的60种课堂活动	9787515357027	38.00
如何在课堂中使用差异化教学	9787515357010	39.90
★ 如何在课堂中培养成长型思维	9787515356754	39.90
每一位教师都是领导者：重新定义教学领导力	9787515356518	39.90
★ 教室里的1-2-3魔法教学：美国广泛使用的从学前到八年级的有效课堂纪律管理	9787515355986	39.90
如何在课堂中使用布卢姆教育目标分类法	9787515355658	39.00
如何在课堂上使用学习评估	9787515355597	39.00
7天建立行之有效的课堂管理系统：以学生为中心的分层式正面管教	9787515355269	29.90
积极课堂：如何更好地解决课堂纪律与学生的冲突	9787515354590	38.00
设计智慧课堂：培养学生一生受用的学习习惯与思维方式	9787515352770	39.00
追求学习结果的88个经典教学设计：轻松打造学生积极参与的互动课堂	9787515353524	39.00
从备课开始的100个课堂活动设计：创造积极课堂环境和学习乐趣的教师工具包	9787515353432	33.80
老师怎么教，学生才能记得住	9787515353067	48.00
多维互动式课堂管理：50个行之有效的方法助你事半功倍	9787515353395	39.80
智能课堂设计清单：帮助教师建立一套规范程序和做事方法	9787515352985	49.90
提升学生小组合作学习的56个策略：让学生变得专注、自信、会学习	9787515352954	29.90
快速处理学生行为问题的52个方法：让学生变得自律、专注、爱学习	9787515352428	39.00
王牌教学法：罗恩·克拉克学校的创意课堂	9787515352145	39.80
让学生快速融入课堂的88个趣味游戏：让上课变得新颖、紧凑、有成效	9787515351889	39.00
★ 如何调动与激励学生：唤醒每个内在学习者（李希贵校长推荐全校教师研读）	9787515350448	39.80
合作学习技能35课：培养学生的协作能力和未来竞争力	9787515340524	59.00
基于课程标准的STEM教学设计：有趣有料有效的STEM跨学科培养教学方案	9787515349879	68.00
如何设计教学细节：好课堂是设计出来的	9787515349152	39.00
15秒课堂管理法：让上课变得有料、有趣、有秩序	9787515348490	49.00
混合式教学：技术工具辅助教学实操手册	9787515347073	39.80
从备课开始的50个创意教学法	9787515346618	39.00
中学生实现成绩突破的40个引导方法	9787515345192	33.00
给小学教师的100个简单的科学实验创意	9787515342481	39.00
老师如何提问，学生才会思考	9787515341217	49.00
教师如何提高学生小组合作学习效率	9787515340340	39.00
卓越教师的200条教学策略	9787515340401	49.90
中小学生执行力训练手册：教出高效、专注、有自信的学生	9787515335384	49.90
从课堂开始的创客教育：培养每一位学生的创造能力	9787515342047	33.00
提高学生学习专注力的8个方法：打造深度学习课堂	9787515333557	35.00
改善学生学习态度的58个建议	9787515324067	36.00
★ 全脑教学（中国教育新闻网2015年度"影响教师的100本书"）	9787515323169	38.00
★ 全脑教学与成长型思维教学：提高学生学习力的92个课堂游戏	9787515349466	39.00
★ 哈佛大学教育学院思维训练课：让学生学会思考的20个方法	9787515325101	59.90
完美结束一堂课的35个好创意	9787515325163	28.00
如何更好地教学：优秀教师一定要知道的事	9787515324609	36.00
带着目的教与学	9787515323978	39.90

书名	书号	定价
★ 美国中小学生社会技能课程与活动（学前阶段/1-3年级/4-6年级/7-12年级）	9787515322537等	153.80
彻底走出教学误区：开启轻松智能课堂管理的45个方法	9787515322285	28.00
破解问题学生的行为密码：如何教好焦虑、逆反、孤僻、暴躁、早熟的学生	9787515322292	36.00
13个教学难题解决手册	9787515320502	28.00
★ 让学生爱上学习的165个课堂游戏	9787515319032	39.00
美国学生游戏与素质训练手册：培养孩子合作、自尊、沟通、情商的103种教育游戏	9787515325156	49.00
老师怎么说，学生才会听	9787515312057	39.00
快乐教学：如何让学生积极与你互动（入选《中国教育报》"影响教师的100本书"）	9787500696087	29.00
★ 老师怎么教，学生才会提问	9787515317410	29.00
快速改善课堂纪律的75个方法	9787515313665	28.00
教学可以很简单：高效能教师轻松教学7法	9787515314457	39.00
好老师可以避免的20个课堂错误（入选《中国教育报》"影响教师的100本图书"）	9787500688785	39.90
好老师应对课堂挑战的25个方法（《给教师的101条建议》作者新书）	9787500699378	25.00
好老师激励后进生的21个课堂技巧	9787515311838	39.80
开始和结束一堂课的50个好创意	9787515312071	29.80
好老师因材施教的12个方法（美国著名教师伊莉莎白"好老师"三部曲）	9787500694847	22.00
★ 如何打造高效能课堂	9787500680666	29.00
合理有据的教师评价：课堂评估衡量学生进步	9787515330815	29.00
班主任工作/德育		
★ 北京四中8班的教育奇迹	9787515321608	36.00
★ 师德教育培训手册	9787515326627	29.80
中小学教师职业道德培训手册：师德的定义、养成与评估	9787515340777	32.00
好老师征服后进生的14堂课（美国著名教师伊莉莎白"好老师"三部曲）	9787500693819	39.90
优秀班主任的50条建议：师德教育感动读本（《中国教育报》专题推荐）	9787515305752	23.00
学校管理/校长领导力		
卓越课堂的50个关键问题	9787515366678	39.00
如何培育卓越教师：给学校管理者的行动清单	9787515357034	39.00
★ 学校管理最重要的48件事	9787515361055	39.80
重新设计学习和教学空间：设计利于活动、游戏、学习、创造的学习环境	9787515360447	49.90
重新设计一所好学校：简单、合理、多样化地解构和重塑现有学习空间和学校环境	9787515356129	49.00
让樱花绽放英华	9787515355603	79.00
学校管理者平衡时间和精力的21个方法	9787515349886	29.90
校长引导中层和教师思考的50个问题	9787515349176	29.00
如何定义、评估和改变学校文化	9787515340371	28.80
优秀校长一定要做的18件事（入选《中国教育报》"2009年影响教师的100本书"）	9787515342733	39.90
学科教学/教科研		
中学古文观止50讲：文言文阅读能力提升之道	9787515366555	59.90
完美英语备课法：用更短时间和更少材料让学生高度参与的100个课堂游戏	9787515366524	49.00
人大附中整本书阅读取胜之道：让阅读与作文双赢	9787515364636	59.90
北京四中语文课：千古文章	9787515360973	59.00
北京四中语文课：亲近经典	9787515360980	59.00
从备课开始的56个英语创意教学：快速从小白老师到名师高手	9787515359878	49.90
美国学生写作技能训练	9787515355979	39.90
《道德经》妙解、导读与分享（诵读版）	9787515351407	49.00
京沪穗江浙名校名师联手教你：如何写好中考作文	9787515356570	49.90
京沪穗江浙名校名师联手授课：如何写好高考作文	9787515356686	49.80

	书名	书号	定价
★	人大附中中考作文取胜之道	9787515345567	39.80
★	人大附中高考作文取胜之道	9787515320694	49.90
★	人大附中学生这样学语文：走近经典名著	9787515328959	33.80
	四界语文（入选《中国教育报》2017年度"教师喜爱的100本书"）	9787515348483	49.00
	让小学一年级孩子爱上阅读的40个方法	9787515307589	39.90
	让学生爱上数学的48个游戏	9787515326207	26.00
	轻松100课教会孩子阅读英文	9787515338781	88.00

情商教育/心理咨询

	书名	书号	定价
	9节课，教你读懂孩子：妙解亲子教育、青春期教育、隔代教育难题	9787515351056	39.80
★	学生版盖洛普优势识别器（独一无二的优势测量工具）	9787515350387	169.00
	与孩子好好说话（获"美国国家育儿出版物（NAPPA）金奖"）	9787515350370	39.80
	中小学心理教师的10项修炼	9787515309347	36.00
★	别和青春期的孩子较劲（增订版）（入选《中国教育报》"2009年影响教师的100本书"）	9787515343075	28.00
★	100条让孩子胜出的社交规则	9787515327648	28.00
	守护孩子安全一定要知道的17个方法	9787515326405	32.00

幼儿园/学前教育

	书名	书号	定价
	中挪学前教育合作式学习：经验·对话·反思	9787515364858	79.00
	幼小衔接听读能力课	9787515364643	33.00
	用蒙台梭利教育法开启0~6岁男孩潜能	9787515361222	45.00
	德国幼儿的自我表达课：不是孩子爱闹情绪，是她/他想说却不会说！	9787515359458	59.00
	德国幼儿教育成功的秘密：近距离体验德国学前教育理念与幼儿园日常活动安排	9787515359465	49.80
	美国儿童自然拼读启蒙课：至关重要的早期阅读训练系统	9787515351933	49.80
	幼儿园30个大主题活动精选：让工作更轻松的整合技巧	9787515339627	39.80
★	美国幼儿教育活动大百科：3-6岁儿童学习与发展指南用书 科学/艺术/健康与语言/社会	9787515324265等	600.00
	蒙台梭利早期教育法：3-6岁儿童发展指南（理论版）	9787515322544	29.80
	蒙台梭利儿童教育手册：3-6岁儿童发展指南（实践版）	9787515307664	33.00
★	自由地学习：华德福的幼儿园教育	9787515328300	29.90
	赞美你：奥巴马给女儿的信	9787515303222	19.90
	史上最接地气的幼儿书单	9787515329185	39.80

教育主张/教育视野

	书名	书号	定价
	教育新思维：帮助孩子达成目标的实战教学法	9787515365848	49.00
	学习是如何发生的：教育心理学中的开创性研究及其实践意义	9787515366531	59.90
	父母不应该错过的犹太人育儿法	9787515365688	59.00
	如何在线教学：教师在智能教育新形态下的生存与发展	9787515365855	49.00
	正向养育：黑幼龙的慢养哲学	9787515365671	39.90
	颠覆教育的人：蒙台梭利传	9787515365572	59.90
	学习的科学：每位教师都应知道的77项教育研究成果	9787515364094	59.00
	真实性学习：如何设计体验式、情境式、主动式的学习课堂	9787515363769	49.00
	哈佛前1%的秘密（俞敏洪、成甲、姚咏林、张梅玲推荐）	9787515363349	59.90
	基于七个习惯的自我领导力教育设计：让学校育人更有道，让学生自育更有根	9787515362809	69.00
	终身学习：让学生在未来拥有不可替代的决胜力	9787515360560	49.90
	颠覆性思维：为什么我们的阅读方式很重要	9787515360393	39.90
	如何教学生阅读与思考：每位教师都需要的阅读训练手册	9787515359472	39.00
	"互联网+"时代，如何做一名成长型教师	9787515340302	29.90

书名	书号	定价
教出阅读力	9787515352800	39.90
为学生赋能：当学生自己掌控学习时，会发生什么	9787515352848	33.00
如何用设计思维创意教学：风靡全球的创造力培养方法	9787515352367	39.80
如何发现孩子：实践蒙台梭利解放天性的趣味游戏	9787515325750	32.00
如何学习：用更短的时间达到更佳效果和更好成绩	9787515349084	49.00
教师和家长共同培养卓越学生的10个策略	9787515331355	27.00
★ 如何阅读：一个已被证实的低投入高回报的学习方法	9787515346847	39.00
★ 芬兰教育全球第一的秘密（钻石版）（《中国教育报》等主流媒体专题推荐）	9787515359922	59.00
世界最好的教育给父母和教师的45堂必修课（《芬兰教育全球第一的秘密》2）	9787515342696	28.00
★ 杰出青少年的7个习惯（精英版）	9787515342672	39.00
杰出青少年的7个习惯（成长版）	9787515335155	29.00
★ 杰出青少年的6个决定（领袖版）（全国优秀出版物奖）	9787515342658	49.90
7个习惯教出优秀学生（第2版）（全球畅销书《高效能人士的七个习惯》教师版）	9787515342573	39.90
学习的科学：如何学习得更好更快（入选中国教育网2016年度"影响教师的100本书"）	9787515341767	39.80
杰出青少年构建内心世界的5个坐标（中国青少年成长公开课）	9787515314952	59.00
跳出教育的盒子（第2版）（美国中小学教学经典畅销书）	9787515344676	35.00
夏烈教授给高中生的19场讲座	9787515318813	29.90
★ 学习之道：美国公认经典学习书	9787515342641	39.00
★ 翻转学习：如何更好地实践翻转课堂与慕课教学（中国教育新闻网2015年度"影响教师的100本书"）	9787515334837	32.00
翻转课堂与慕课教学：一场正在到来的教育变革	9787515328232	26.00
翻转课堂与混合式教学：互联网+时代，教育变革的最佳解决方案	9787515349022	29.80
翻转课堂与深度学习：人工智能时代，以学生为中心的智慧教学	9787515351582	29.80
★ 奇迹学校：震撼美国教育界的教学传奇（中国教育新闻网2015年度"影响教师的100本书"）	9787515327044	36.00
学校是一段旅程：华德福教师1-8年级教学手记	9787515327945	49.00
★ 高效能人士的七个习惯（30周年纪念版）（全球畅销书）	9787515360430	79.00

您可以通过如下途径购买：

1. 书　　店：各地新华书店、教育书店。
2. 网上书店：当当网（www.dangdang.com）、亚马逊中国网（www.amazon.cn）、天猫（zqwts.tmall.com）、京东网（www.360buy.com）。
3. 团　　购：各地教育部门、学校、教师培训机构、图书馆团购，可享受特别优惠。
　　购书热线：010-65511272 / 65516873